佛经里讲"依义不依语"——依语言背后的意思，不要依这个语言本身。这实际上是指听话时心要静。心很平静，很清净，就听得见，听得懂，能够真正地纳法于心。

　　佛法是心法，告诉我们人生是一场梦，一场戏，修行的意义就在于从梦里醒来，而不是把梦做得更梦幻。

万事万物缘生缘灭，于中产生种种期盼、委屈、痛苦、彷徨，只因自己的执着、在意。放得下，便云淡风轻。

　　人生真正的黑暗不是因为挫折，而是因为无明。挫折是提醒，看看自己的"业"有什么地方不圆满，然后才知道该怎样去弥补和改善。

　　听闻，本身叫作闻慧，思叫思慧，不断修行，最后才能开智慧。所以，佛门里说"听闻随转修心要，少力即脱生死城"。

　　普通人都是"闻过怒，闻誉乐"，因为我们执着，爱惜自己；要能够"闻誉恐，闻过欣"，我们才能在挫折中进步，在问题中成长。

　　无法忘记的，是记忆中的影子；停留于妄想，就是人的执着。过去的自他和现在的自他都已不同，这就是无常的真相。人和人最好的关系就是一起成长。

　　成功是因为有成功的因缘，失败是因为有失败的因缘，只要
我们去改变因缘，就能改变结果。相信自己会改变、会成长，而
不是一直用负面的心去退缩。

用心倾听人们的谈话，
他们自然会教你如何好好生活。

好好听话

——人生精进系列——

学诚法师 著

天津出版传媒集团

天津人民出版社

图书在版编目（CIP）数据

好好听话 / 学诚法师著. — 天津 : 天津人民出版
社, 2017.10（2018.1重印）
　（人生精进系列）
　ISBN 978-7-201-12472-8

　Ⅰ.①好… Ⅱ.①学… Ⅲ.①人际关系学 – 通俗读物
Ⅳ.①C912.11–49

　中国版本图书馆CIP数据核字(2017)第235344号

好好听话
HAO HAO TING HUA

出　　版	天津人民出版社
出 版 人	黄　沛
地　　址	天津市和平区西康路35号康岳大厦
邮政编码	300051
邮购电话	（022）23332469
网　　址	http://www.tjrmcbs.com
电子信箱	tjrmcbs@126.com

监　　制	黄　利　万　夏
责任编辑	玮丽斯
特约编辑	马　松　张伟超
装帧设计	紫图图书 ZITO®

制版印刷	北京嘉业印刷厂
经　　销	新华书店
开　　本	710毫米×1000毫米　1/16
印　　张	17
字　　数	100千字
版次印次	2017年10月第1版　2018年1月第3次印刷
定　　价	49.90元

好好听话的智慧

在世间里，好好听话只有一层含义，就是客观和主观的关系——您说话我听，即好好听话。在佛门里，"好好听话"还有一层更深的意思——听闻，在听闻的当下，回到当下。

一个人只有内心很平静，才能够听得见、听得懂别人讲话。比如，做管理的人都会意识到，一件事情已经交代过很多遍，员工可能还不知道，这就是听而不闻。

内心躁动的人，当别人讲话的时候，他听都没听见，可能在想别的事儿，在走神儿。比如学习成绩不好的孩子，往往注意力不集中，听不进去，别人说的话他根本没听见，更谈不上听懂没听懂了。但是他的眼睛还是看着你的，你就误认为他听懂了。事实上，第一步先要做到能听见，这需要专注。佛陀讲法的时候，讲着讲着就会说"谛听，谛听"，就怕弟子们走神了，提醒一下。

谛听，就是你听话时不要走神，好好听。这是第一步——听见，第二步才能听懂，就是我真正理解你语言背后的意思。

现实生活当中，有很多优秀的秘书就有这个能力，他不是从领导的语言上去机械教条地执行，而是听懂语言背后的意思，就是先听见，再听懂。这个时候实际上已经不是用耳朵在听，而是用心在听了。

我们常常讲用心听，很少人说用耳听，好好听话实际上是好好用心听话。

佛经里讲"依义不依语"——依语言背后的意思，不要依这个语言本身。这实际上是指听话时心要静，心很平静、很清净，就听得见、听得懂，能够真正地纳法于心。

对修行人来讲，好好听话的意思是要让师父讲的话，真正成为弟子内心的一部分。对世间人来讲，好好听话的现实意义也很大，非常有助于人与人之间的沟通，比如说夫妻之间、父子之间、同事之间沟通交流不畅，都是互相之间没有听见别人在讲什么。有的时候是即使听见了，但没听懂话背后的意思，所以就造成了一个结果——大家都不想听、只想讲。

确实，人性的弱点就是"都愿意去倾诉，不愿意去倾听"。

实际上，最高级的沟通是倾听。一个人际关系好的人，一定是善于倾听的。

佛门中有一种宗教训练，像法师有时候会跟居士打交道，居士说："法师，我要听你开示。"但是法师这个时候一定要能清晰地分辨出居士的真正诉求——他不是要听法师开示，他是要让法师听自己倾诉。

如果法师没有注意到他的真正想法，误会了他是以要求开示的名义来倾诉的用意，就会弄巧成拙。这个事情处理不好，严重的，人家对佛法没有信心了，觉得佛法也就是这么回事；轻则，他会觉得痛苦没有得到缓解，怎么来的又怎么走了。这就起不到帮助他的作用。因为他是来倾诉的，我们就要知道他内心真正的想法，他内心有很多痛苦和烦恼，在家庭、生活、工作中得不到排解，想找一个出家人好好地排遣一下。

曾经有位佛学初学者，遇到一些信众来请教问题时，没有听出对方的弦外之音。其实，可能信众自己也不太清楚自己是来求教还是倾诉的。但自己内心真正的诉求没有得到满足的时候，就会增加烦恼。以前，有人向信众讲了很多佛法的道理以后，信众不仅没有像他想象的那样欢喜，反而很烦恼。他会质问、指责："你讲那么多干什么？"

遇到这种情况，可能讲法的人就会觉得很委屈。如果再起一些烦恼，就会觉得：你看我这么辛苦给你讲法，你还不买账、不领情。

其实在佛法看来，这是自己没有学好。

曾经，有一位信众说要向法师请益问题，法师听出了他的心声。果然，整个过程实际上是信众在讲。这位法师听了四个小时，一直认真地倾听，认真地看着他的眼睛，不断地表达认可、肯定、同意、理解。

我相信，这样的倾听应该会对这位信众今后一段时间的内心状态和精神面貌，带来很大的影响。因为生活当中没有人听他讲，他都是要听别人讲，现在终于有一个机会可以让自己一吐为快了。这就是倾听的力量。

想想看，生活当中，如果夫妻之间，子女、父母之间，同事之间，上下级之间都能掌握好好听话的窍诀，学会倾听，生活和事业是不是会顺利很多呢？

学诚

2017 年 5 月 6 日于龙泉寺

目 录

第二章 "是非以不辩为解脱"

中 篇
一语点醒梦中人

第三章 人有"六根"，耳根最利

第四章　解门、悟门

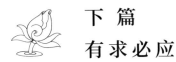

下 篇
有 求 必 应

第五章　很多"爱情"其实是一种交换

第六章　如何与父母好好相处

第七章　如何跟孩子好好相处

第八章　没有人会白白受苦

第九章　人性的弱点

第十章　沟通的真谛

第十一章　最好的菩萨是自己

上篇

——

人生最大的

——

财富是倾听

放下自己先入为主的见解和想法，

按照听得见、听得懂、听得明白这样的次第好好听话，

才有机会更好地解决自己的问题。

第一章

结善缘，
从好好听话开始

耳根最利：
"谛听，谛听，善思念之"

佛法中讲闻思修三慧，首先是听闻，就是把佛法听闻进去。

人有六根，眼、耳、鼻、舌、身、意，形成了不同的六种信息模式。耳根所对的是声音，佛门里常讲"耳根"最利。

因此，听闻能力是我们最需要认真训练的能力之一。

我们常常会认为：自己已经在听了呀，怎么会没有听闻的能力呢？其实，每个人的听闻能力是有很大差别的。当我们内心散乱的时候，就听不进别人说什么。

还有一种情况，听的人只选择自己感兴趣的信息去接收，屏蔽掉自己不喜欢的信息。事实上，恰恰被屏蔽掉的那些信息，可能对自己最有益。

傲慢心比较强的人，在与人交往中或者听人讲话时，会快速地捕捉到对方的缺点，用自己的优点分别比较，傲慢心就开始滋长，对方说的什么话就听不进去了，即便人家说了很重要的信息也听不到了。

当我们心事重重，只是在自己的情绪当中时，也完全丧失了听闻的能力。

总之，当我们被贪、嗔、痴烦恼覆心的时候，正确的信息就进不来。当我们做到了谛听本身，就是去除了烦恼，就已经具备了正确处理各种信息的能力，就有了"善思念之"的可能。

听闻，本身叫作闻慧，思叫思慧，不断修行，最后才能开智慧。

所以，佛门里说"听闻随转修心要，少力即脱生死城"。

人生最大的财富是倾听

曾经有位古希腊哲学家，晚年的时候声望很高，拥有上千名学生。一天，这位两鬓花白的老者蹒跚着走进课堂，手中捧着一摞厚厚的纸张。他对学生说："这堂课你们不要忙着记笔记，凡是认真听讲的人，课后我都会发一份笔记。一定要认真听讲，这堂课很有价值！"

学生们听到这番话，立刻放下手中的笔，专心听讲。但没过多久就有人自作聪明——反正课后老师要发笔记，又何必浪费时间去听讲呢？于是开起了小差。临近下课时，这些学生觉得并没听到什么至理名言，不禁怀疑起来：这不过是一堂普通的课，老师为什么说它很有价值呢？

课讲完了，哲学家将那摞纸一一发给每位学生。领到纸张后，学生们都惊叫起来："怎么是几张白纸呀?!"哲学家笑着说："是的,我的确说过要发笔记,但我还说过请大家一定要认真听讲。如果你们刚才认真听讲了,那么请将在课堂上所听到的内容全部写在纸上,这不就等于我送你们笔记了吗?至于那些没有认真听讲的人,我并没有答应要送他们笔记,所以只能送白纸!"

学生们无言以对。有人懊悔刚才听讲心不在焉,面对白纸不知该写什么;也有人快速地将所记住的内容写在白纸上。

后来,只有一位学生几乎一字不落地写下了老师所讲的全部内容,他也是哲学家最得意的学生。哲学家满意地把这位学生的笔记贴在墙上,大声说:"现在,大家还怀疑这堂课的价值吗?"

这位哲学家一贯主张:人生最大的财富是倾听。只有乐于并善于倾听,才可能成为知识的富翁;而那些不愿意倾听的人,其实是在拒绝接受财富,终将沦为知识的穷人。

仔细倾听人们的谈话，
他们自然会教你如何好好生活

有这样一则小故事。

有一天，猫妈妈把小猫叫来，说："你已经长大了，三天之后就不能再吃妈妈的奶了，要自己去找东西吃。"小猫惶惑地问妈妈："妈妈，那我该吃什么东西呢？"

猫妈妈说："你要吃什么食物，妈妈一时也说不清楚，就用我们祖先留下的方法吧！这几天夜里，你躲在人们的屋顶上、梁柱间、陶罐边，仔细倾听人们的谈话，他们自然会教你的！"

第一天晚上，小猫躲在梁柱间，听到一个大人对孩子说："小宝，把鱼和牛奶放在冰箱里，小猫最爱吃鱼和牛奶了。"

第二天晚上，小猫躲在陶罐边，听见一个女人对男人说："老公，把香肠和腊肉挂在梁上，小鸡关好，别让小猫偷吃了。"

第三天晚上，小猫躲在屋顶上，从窗户听到一个妇人向自己的孩子叨念："奶酪、肉松、鱼干吃剩了也不收好，小猫鼻子很灵，明天你就没得吃了。"

就这样，小猫每天都很开心，它回家告诉妈妈："妈妈，果然像您说的一样，只要我仔细倾听，人们每天都会教我该吃什么。"

这个故事虽然很简单，但却能给予我们很深刻的启发：在生活、学习和工作中，很多时候需要我们用心去倾听，用心去学习。倾听不仅是一种态度，也是一种技能。

做一只善于倾听的小花猫吧！

从来没有一句话是无缘无故的

有一个小故事，说是一只羊、一头牛、一头猪，看到主人来了，羊很不高兴，扭头就走；牛也很不高兴，扭头就走；猪则狂吼着疯跑。羊和牛很奇怪，问猪："我们都不喜欢主人，他来了，不高兴就差不多了，何必发疯一样地跑，还这么狂吼。"

猪对羊说："主人来找你，只是要你的毛，你当然只是不高兴一下了。"又对牛说："主人来找你，只是要你的奶，你当然也只是不高兴一下了。可是，主人来找我，是要我的命，我当然要发疯了。"

这个故事是说，**我们在生活中，听别人的话，往往只听语言本身，基本上没有能力去听语言背后的因缘。**而且，每个人的表达能力千差万别，表达习惯也都不一样，再夹杂着烦恼，基本上就掩盖了所要表达的真相，误解就这样产生了。

我们对别人的性格、能力、教育背景等因缘不了解，就很不容易真正去了解一个人、去理解一个人，那么就无法听懂他真正要表达的话，所以人们都会觉得自己很孤独，缺少知己。

即便是在一起生活的亲人，因为不善于或者不愿意去了解对方，也很难真正走进他的内心世界，或者说自己没有能力和意识去了解别人，只能被别人的语言蒙蔽，被激怒、被误导，更谈不上去帮助别人了。

所以，最有效的沟通方式不是相互间表达了什么，倾听了什么，而是理解。一个人这样表达，一定有其原因；那样表达，肯定有其道理。

能这样看问题，就能更快拨开语言的迷雾，找到问题的症结与解决方法。同时，自己的内心也能不被语言的假象牵制。

为什么我们经常吃苦头：
听不见，听不懂，听不明白

听话，有两种解释，一种是形容一个人比较乖巧、懂事；另一种是听别人讲话。好好听话，也有这样两层意思，一种是表达一个人谦虚，爱学习，尊敬师长；另一种是表达能听得进去别人讲的话。

看起来很简单的一个能力，但事实上，很多人理解得并不够深刻，也并不能真正做到。生活中虚心学习、谦冲自牧是一个人进步和成长的重要素质，也是幸福人生的重要能力。但是，这样的素质也是要靠训练和培养的，那就要学习如何做才能够听得进去别人的讲话。

好好听话的次第：

首先是要听得见。 如果一个人心里总是装着自己的想法，急于表达，那么，别人讲什么，有可能只能听个大概，甚至很多意思都听不见，因为自己的心已经被自己的想法塞得满满的。

其次是要听得懂。就是对方讲的话，字面的意思要能听明白，知道人家要表达什么，在说什么。

最后是要听得明白。不仅要听得懂字面上的意思，也要听得懂字面背后的意趣——依义不依语。

这三个阶段，是好好听话的次第，看似简单，但是，真正要掌握，也不是那么容易的。

如果我们总是紧抓着自己内心的某个东西，死死不放，这时候我们要想听进别人的话就非常困难，就要吃很多的苦头。

类似的问题，我们生活中并不鲜见。放下自己先入为主的见解和想法，按照听得见、听得懂、听得明白这样的次第好好听话，才有机会更好地解决自己的问题。

真正听得进去别人说话，其实是要我们空出心来，如此才能精准地接收到对方所要传递的信息，才能更好地修正自己原有的认知，扩大自己的心量。

内心如果经常这样自我训练，我们就有可能获得别人更多的帮助。所以，懂得了如何好好听话的智慧，就好比掌握了一把打开幸福之门的钥匙。

听别人把话说完

现实生活中，打断别人说话是一种不礼貌的行为。其实背后还有更深刻的原因——焦虑。

因为焦虑，所以我们着急打断别人说话；因为焦虑，就着急想把自己要说的话讲出来。这样一着急，就容易失态，沟通必然不畅。

何谓慈悲？其中一种就是认真地听别人把话说完，全面了解对方要表达的意思。

一位主持人在节目中访问一名小朋友，问他："你长大后想要当什么呀？"

小朋友答："嗯……我要当飞机的驾驶员！"

主持人又问："如果有一天，你的飞机飞到太平洋上空，所有引擎都熄火了，你会怎么办？"

小朋友想了想："我会先告诉坐在飞机上的人绑好安全带，然后我挂上我的降落伞跳出去。"

主持人疑问道："为什么你要这么做？"

当在场的观众笑得东倒西歪时，孩子的眼泪夺眶而出："我要去拿燃料，我还要回来！"

听完孩子的回答，主持人的眼睛也湿润了。

其实，孩子的悲悯之心，远非我们成人的心所能度量。

听话的艺术，一是听话不要听一半；二是不要把自己的意思投射到别人所说的话上，就是不要先入为主。否则，就会失去获得真相的机会。

好好倾听，也是一种帮人之道

现实生活中，我们内心有种种压力、纠结，很多时候，如果有人倾听自己的痛苦，我们心里就会舒缓很多。而能够倾听我们痛苦的人，一定是能够尊重这种痛苦，而不是再施予痛苦者一番道理的人。

2009 年 4 月，我请时任北京市仁爱慈善基金会秘书长的林先生开设"龙泉之声倾听热线"，专门接听内心苦闷者的倾诉电话。在这个热线里，志愿者们的主要工作就是倾听，有的接听员一次会接听来电者长达几个小时的电话倾诉。

志愿者们发现，倾听可以帮助别人缓解痛苦和压力；也发现，很多时候讲道理根本无济于事，因为对方道理都懂、都了解。当然，在倾听中，适时地劝慰一两句也很必要；但更多时候，还是要靠倾听。

有一位打来倾听热线的来电者向志愿者倾诉了自己的难言之隐，这个隐私一般人都很难接受。幸亏志愿者接受过倾听的训练，否则，按照社会大众的道德标准，接听者会难以忍受这样的信息，如果处理不当，就会让倾诉者因暴露隐私再次受到伤害，而继续一错再错。

倾听热线的志愿者，首先考虑的是要缓解来电者的痛苦，以免他有过激的行为，之后才能谈到引导他走出误区。

对志愿者来说，首先必须放弃自己的标准，主动站在对方的立场思考问题；但这只是在对方最痛苦的那一刻所采取的方法，并不代表自己会一直同意他的做法。因为只有先让对方听得进去他人的劝导，才有可能帮助他走出困境。

放下自己，完全站在对方的角度，才有能力认真倾听别人的心声，去理解、去接纳，即使只有片刻。只要长时间地去练习，我们就会越来越接近对方，才能真正地帮到对方。

换个角度，当我们遇到生命的困境时，我们也希望遇到愿意倾听自己心声的人，愿意理解自己的人。

结善缘，从好好听话开始

生活中，我们常常会遇到这样的事——一些人说得到，但做不到；或者说的话本身就有问题——这时，一般人往往会依照自己以往的习气排斥、拒绝、鄙夷，甚至直接表达出不满情绪。

有一位非常受人尊重的法师，在好好听话方面非常有心得。他在出家后不久就渐渐认识到：对人的言和行要分开来看待。一个人可能行为不好，但是如果他说的话有道理，那就要听取。

特别是学佛的人，虽然某个人行持不怎么样，但他说的观点是对的，我们还是应该认真听取。

另外，不要因为某个人讲话讲得很好，就认为他行为上也能做得好，就特别对待。正如儒家讲的"不以言举人，不以人废言"。如此才能以平和的心态看待他人的言和行，不然很容易迷惑，起烦恼，自己障碍自己。

再有，不要因为某个人讲话讲得不好，就认为他没有某种能力。语言往往只能表达粗浅的思想，深刻的部分是要靠内心去体悟的。

究其根本，听别人讲话，实际上是自己的心在与人交流。我们对别人的排斥、抵触，别人立刻就能感觉到。本来花时间听别人讲话是为了沟通交流，结善缘，结果不听还好，一听反而结了怨。

无论是一位法师，还是一位在家人，在学习、工作中，掌握了好好听话的能力，德行就日日增长，道业、学业、事业也自然就日日进步。

只爱听自己喜欢听的话，
人就无法进步

日常中，我们常常自以为是，觉得自己的想法是对的，别人的想法不如自己。

其实，只要静下心来，可能过了一个小时以后，就会觉得自己的想法是有问题的；过了一年、两年、三年以后，觉得自己的想法很幼稚；过了五年、十年、二十年以后，可能就更会认识到过去的很多想法都不值一提。

长期以来，我们就是活在这样的意识状态当中。走路也好，开车也好，世界上的任何一件事、任何一项工作，其实都需要有经验的过来人指导。我们整个人生的道路，我们的修行，我们生命的提升同样如此。

如果我们总是自以为是，就不容易虚心地接受别人的经验和别人对我们的帮助。

我们常常是这样：需要听的话，喜欢听的话，我们才听；不喜欢听的，不愿意听的，可能就会不听。

但是，结果有时候恰恰是相反的。

可能有些话，我们不喜欢、不愿意听，但实际上是真正对我们有帮助的，恰恰是我们需要的。好比病人吃药一样，医生给我们开的处方，不喜欢还是要吃，不吃就有问题。有经验的禅师会适机批评自己的弟子，挖苦他、责骂他、讥讽他，让他下不来台，营造种种境界，看他怎么办。而够量的弟子就能在这些逆耳的语言当中获得不一样的人生体悟。

"挑货的才是买货人"：
听到刺耳的话怎么办

一般来说，人与人之间很难做到心平气和地说话，因为我们内心有烦恼。烦恼中有一种叫"嗔心"的烦恼，俗称仇恨，就是在人与人相处的过程中，一旦听到不喜欢的话，内心就会有一股"劲"出来，佛门里也会比喻为"热恼"。

这股劲上来之后，如果没有觉察、没有调伏，任由它发展，人的情绪就会失控，不该说的话脱口而出，不该发的脾气就发了出来，不该做的事情就做了出来。

天长日久，日积月累，"热恼"就会变成我们内心的疾患。

什么是修行？不是让刺耳的话在和别人的交流中从耳边消失，而是利用这些刺耳的话，把它变成道业成长的阶梯，踩着它步步向上。

单位里，领导会批评下级，同事之间也会有猜疑、中伤；亲人之间，因为种种琐事矛盾，更会有抱怨和责备。

当听到长辈、同行、亲朋好友嘴里那些刺耳的话时，我们首先要做的是不排斥，抛开情绪，心平气和地听听他的话说得是否有道理。若他的确指出了自己所看不到的缺点，正好借此改正；若他话不属实，正好忍辱消业。

做服务行业的人，往往都有这种经验——和气生财。面对别人的挑剔，要能忍得下来，内心能够转得过来，不能放任自己内心的嗔恨蔓延。

生意人讲"挑货的才是买货人"，换个想法，心态就完全不同。外在的指责、批评固然令人委屈、难过，但对精进之人而言，恰好是积累福报的好机会。

怎么听那些攻击和伤害自己的话

我们活在这个世界上，不可能总是听到自己爱听的话，事实上，我们听到的更多的都是攻击乃至伤害的话。我们的教育、文明都在告诉我们要与人为善，但从烦恼这个角度上来讲，未经学习和训练，往往都是做不到的。

一位在职场打拼的经理说，他在公司里和同事闹了矛盾，对方用语言攻击他，他劝告自己一定要忍让，虽如此，但他心里仍觉得很委屈，担心哪一天忍不住了，说出反唇相讥的话，甚至做出更可怕的事情。

还有一位女性，产后和婆婆发生了激烈的冲突。起初是一些琐事，渐渐开始有了脸色，接着就是冷言冷语，最后竟发展成激烈的语言冲突。每一次，都是儿媳听到几句唠叨，就强忍，忍着忍着就忍不住了，甩出一句，然后就换回一句比较激烈的，于是再甩过去一句更加激烈的。再之后，就失控了。

一对夫妻，婚后不久，因为在房产、教育孩子、赡养老人等家庭问题上有分歧，也是从小的语言冲突开始，逐渐爆发成大的语言冲突，然后就是冷战，最后走上离婚这条路。但是，他们想离又离不掉，双方因为财产分割、房贷、子女的抚养权，以及双方的家庭关系等问题无法立刻分手，彼此尝试过忍耐对方的语言攻击，但最后都是忍不下来，非常痛苦。

一位作家，新搬进一个小区，因为装修的问题，保安出言不逊，辱骂了本应受到尊重的业主。如果能忍一忍，事情也就过去了，但这位作家没忍住，犀利的话脱口而出，结果发生了激烈的争吵，甚至差一点引发肢体冲突。后来作家投诉，希望物业公司开除这位保安，结果没有如愿，每天进出还要看到那位和自己发生过冲突的保安，以致内心阴影重重。

我们通常都忍不了别人对自己的辱骂，却忍得了自己的烦恼。真的忍辱，不是在忍别人，是在与自己斗。他人的语言是空气罢了，内心的"贼"才是伤害自己的元凶。不是别人的语言，而是自己的烦恼和"业"决定了我们的苦乐和命运。

修行不是强忍，而是转心，是认识到烦恼运作的原理，然后去调整和正确地处理它。

有一位 IT 公司的高管，在寺院的禅修营里分享过她的经历：同样是和保安因为一件小事发生了冲突，那位保安口出恶言。这位高管本想回他几句，也让他感受一下，后来一想，自己确实也有不妥当的地方。虽然保安说的话粗鲁，但也是因为他的习气和接受的教育，让他缺乏更好的沟通和交流的方式，于是和颜悦色地回应了他，并表示了歉意。原本这位保安正等着一场激烈的争吵，万万没有想到对方回应的是平静、安详以及歉意，反而觉得非常不适应，态度立刻和善起来，脸也红了，表现出很惭愧和腼腆的样子，然后也表达了歉意。

后来，她每天回家，这位保安都会主动帮忙开门，拿东西，发自内心地提供种种可以提供的服务和方便。

"从那天开始，每天下班回家，进了小区，那位保安主动给自己开门的一瞬间，就体会到了生活和佛法的美好。"这位高管最后分享道。

没有人一辈子没被别人指责过

佛门里常讲，不批评别人，要管好自己。

一批出家法师去看望定居海外的师公，想让师公给自己一些教授，没想到师公给弟子的重要教授就是：管好你自己，不要老想着管别人。

为什么这么讲呢？这是因为人在社会生活中，总是愿意批评别人，愿意管别人，非常难得自我批评、自我反省、自我管理，心总是往外看、向外求。

很多人不明白什么是修行，以为很复杂。其实，只要懂得了不去批评别人，多找自己的问题；不去老想着管别人，多想着管好自己，那就是真的在修行了。

事实上，真做到这一点的人并不多，这就意味着无论我们做得好与不好，做得对与不对，可能永远都要面临很多的批评。即便是佛在世的时候，也常常会有很多的批评。

在面对别人的指责和批评时，我们的内心会立刻想"不是那样的"，然后第一时间开始组织语言进行反驳。有的人虽然知道这可能是一种我执，是不对的，但是仍然难以抑制地要辩解，要反驳，担心对方误解自己；或者压根就不接受对方的看法，要去推翻它，用自己内心形成的观点压制它，让对方接受自己的看法。

虽然我们可能做不到下面这段话里所说的，但是，先读进去，默默地放在心里，以后再遇到境界的时候，试着想起这段话，然后逐步调整自己的心，尝试做到。一旦有一次做到，生命的轨迹就会发生改变。

让我们牢记：批评和指责是我们一生都要面对的境界，在批评中得体地用心，是一个人成长和进步的基本素质，也是事业成功和生活幸福的基本条件。

在批评到来的一瞬间，先不要着急辩解，冷静地把对方的话都听进来，从中寻找自己的盲区和漏洞，力争改进。

要记得，他人的指责和批评，不管有没有道理，在我们听来往往都是偏颇的、错误的，这恰恰是因为我们很难发现自己的问题——人不会故意去做自己以为错的事。消解积怨，正是要靠自己放下执着，努力改变。

好好听话，
不是唯唯诺诺地傻听话

听话不能简单地理解成唯命是从、唯唯诺诺地傻听话，而是在放下自我这个高度之上的听话。

在寺院里，弟子要听师父的话。不过，这个也非常不容易。很多人都经历过这样一个心理过程——练听话，练到最后就只听师父的话，别人的话一概不听；然后就很容易把自己搞得很孤僻和清高，但自己却难以察觉。

在世间，工作中当然要听上级领导的话，但是也一定要注意和平级的同事搞好关系，听得进建议。在家里，家庭成员的意见都要听得进去，让大家都得到必要的尊重，这样才能过好自己和大家的生活。

有一位法师，出家前曾经跟着一个老板搞了多年的经营，很受老板的器重，时间久了就养成了听不进同事意见的习惯，人际关系搞得很差，甚至出现大家集体罢工胁迫老板赶他走的情况。后来，老板放弃了员工，选择了他。

这段经历，更加坚固了他这个习惯——只听老板的话，别人的话一概听不进去。

到了他经营公司的时候，还是人际关系处理不好，为此吃尽苦头，难以自知。直到出家，他才幡然醒悟。

他曾经感慨，倘若人生再来一次的话，他不仅会听老板的意见，因为企业是老板的，于情于理都应该听他的话；更会认真倾听同事的意见，听他们的想法、尊重他们；还要听国家的话，听家人的话，听朋友的话。

听好听的话，也听不好听的话。把这些话听进去，至少是先为自己结了很多的善缘；有这么多的善缘，自己的生活自然就会有改善。有了好的人际关系，好的群众基础，自然求财有财，求官有官，一帆风顺，有求必应。

在家做一个听话的家庭成员、听话的员工、听话的好国民，出家做个听话的修行人。

推而广之，不仅仅是工作中要掌握多角度听话的能力，修行中更是这样。

因为，初学佛法者往往会有一个误区——听话就是依师。那就只听师父的，同行的话一概听不进去。这样就会很麻烦。

佛门对于依师有"依师要从依友起"的说法，先听得进同行的话，慢慢训练，最后才能真正听得进善知识的话。

不怕人说自己差

一位居士分享说："我自己经历了几个阶段。刚开始皈依的时候，自己有很多问题想请教师父，但没有机会见到师父；第二个阶段，亲近师父的机会多了，可又不知道从何问起。现在想起来可能是由于虚荣心在作怪，总是想问一些高深的问题，让师父觉得自己有水平。"

引导他的法师告诉他说："学习佛法最需要的是一颗赤子之心，就是承认我什么都不懂，很坦诚地把自己所有的一切展示给善知识，不怕人说自己差。这样的人学佛进步最快，因为他们没有心理包袱，没有枷锁。"

一般情况下，每个人在学习中，比较会顾忌自己的面子，不情愿承认自己的短板，愿意让别人看到自己的长处。这样一来，就不容易进步了。

反过来，恰恰是需要具备一定的听闻能力，才能准确地接收到来自善知识的信息，帮助自己进步和改正。

对他人好，
一定要选择对方能够接受的方式

有一个人，因为长期负面情绪得不到排遣，有抑郁症的倾向。朋友劝他去就医，但是越劝越不去，言语冲突也越来越激烈。

还有一个人，刚刚失恋，又身患重病，亲人想帮助她，却束手无策。

还有一个孩子，刚刚十二岁，不听话，不好好学习，父母让做的事情坚决不做，不让做的事情偏偏要去做，非常叛逆。尽管父母好话说尽，但他不仅不改，反而变本加厉，让父母非常痛苦，却又无可奈何。

再有一位女性，遭遇先生背叛，选择轻生，被救回。亲友们面临非常现实的问题，一边要帮助她恢复对生活的信心，一边还要开导她的孩子，帮助孩子从痛苦的阴影中走出来。

……

我们应该知道，遇到以上情况，类似"我以前就告诉过你，早晚会出事的"这样的语言，是一定不能说的；指出对方的责任和失误以及期待对方后悔的话，更是会增加别人的痛苦。

生活中充满着种种类似的痛苦和悲剧，我们希望事情不再恶化，希望遭遇苦难的人能够重新振作起来，希望所爱的人能够继续充满希望去生活。但是，我们真正能做的很少。

我们会发现，真正能做的就是陪伴、倾听，让对方感受到鼓励和关怀，而不是讲道理。

让有负面情绪的人尽情地讲述他的痛苦，来缓解他的压力；认真倾听失去爱情和健康的人讲述他们不幸的遭遇，表达出对他们痛苦的理解和尊重，让他们不再感到孤独和无助；听叛逆的孩子讲述他的想法，看看我们自己的思想和言行有没有偏颇的地方。

也许这些想法并没有什么道理，甚至荒唐，但是倾听本身，就可以帮助对方释放情绪和压力。

有人在我的微博里留言说，自己对亲友好，都已经掏心掏肺了，但是却得不到别人的认同，当发现别人对自己有所隐瞒时就很失落。

　　佛法告诉我们，对他人好，一定要选择对方能够接受的方式，否则就容易把自己的想法强加于人，反而对他人造成压力。这种"掏心掏肺"的好，其实是我执的另一种体现，还不够"好"，不是真好。改善的方法是突破"以自我为中心"的思维习惯，多用心去关注他人的处境与心情，放下自己的见解与论断，尝试去倾听、理解他人。这样慢慢就能从烦恼的紧紧束缚中解脱出来。

强迫别人听自己的，
会造成很极端的悲剧

有一位母亲，在家里非常要强，家里的大事小情都要听她的，一旦得不到满足，就以绝食、自残等方式迫使家庭成员就范。时间久了，让整个家庭非常痛苦，每一位亲人都有挥之不去的惊悚记忆，亲人之间的隔膜和仇恨也日益加深。

这种心理模式在佛法中有很精确的定义，就是"我执"——凡是"我"认为对的事情，大家都要这样认为；凡是"我"决定的事情，别人就不能更改。就是凡事都要顺着"我"的意思来，否则就不行。

一个家庭中，每个人都有"我执"，程度轻重不同，角度不同。有的在这个地方很执着，有的在那个地方很执着；有的是对大事执着，有的是对小事执着。换句话说，就是"以自我为中心"的思维模式。

这样，家庭生活不是享受生活，而是成了家庭成员之间"我执"的较量。这种较量会给他人和自己带来非常大的痛苦，轻则导致夫妻感情失和、离异，孩子叛逆、教育失败，亲人反目等等，重则会酿成严重的家庭悲剧。

上文中提到的那位母亲，女儿小的时候还能听她的，但是大了以后，在婚姻、事业以及信仰上有了自己的追求，便遭到母亲的强烈反对，一定要女儿按照自己的意思来生活，按照自己的要求来抉择。

两代人价值观和对生活的认识有着很大的差距，这样一来，冲突就非常激烈，几近酿成人间惨剧。

为了让女儿就范，母亲再次采取了一些极端方式，不吃饭、不睡觉，以自杀相威胁，等等。女儿虽然受过很好的教育，但是没有处理这方面问题的经验和能力，又不想放弃自己的人生追求，非常痛苦。

双方相持不下，彼此之间还都是以爱对方为理由。

而如果通过佛法的学习和修行，慢慢我们就会了解到，这种掺杂着"我执"的爱，其实并不是真正的爱，至少不是纯粹的爱。如果是爱的话，那就应该会让人感到幸福。为什么会让人有这么大痛苦呢？为什么会爱到自己和他人都要窒息的地步呢？

这就是很值得我们深思的地方。

有机会可以试验一下，如果听一听别人的意见、别人的想法，按照别人的意思去做一些事情、做一些判断，看看会发生什么？很多问题是不是就会迎刃而解呢？

只是，懂得道理不难，难的是放下自己的想法，去接受、理解、倾听、尊重别人，那一刻需要很大的勇气和力量来突破。

只要有改变，一切就都还有机会。

说者无心，听者有意：
人非常习惯去解读负面信息

语言是一种工具，本身没有意义，但是我们会通过语言传递意义。这些意义有我们的情绪，有善，有恶，也有不善不恶。

所谓"说者无心，听者有意"，我们人的心很有意思，非常习惯去解读负面的信息：一方面对方表达的可能确实有恶意，我们会执取、放大，然后反复回放、咀嚼，产生痛苦；另一方面，可能别人真的没有恶意，但是我们也有可能听出恶意来，甚至对方是善意的，我们也会听出恶意来。

其实，我们把善意的话听出恶意来，并不是少有的事情，因为大多数人往往都不善于表达善意。内心的善意因为烦恼的缘故，话说出来，听着就不舒服，让听的人只注意到不舒服的语句，而忘记了语言背后的关怀和爱护。

有一对母女，在女儿长大以前没有什么隔阂，很亲密；但是女儿长大之后，读书了、就业了，母女间却产生了隔膜。

小的时候，女儿穿什么衣服，母亲都会反复要求、批评、说教；女儿吃饭，母亲也会不断纠正其细微的错误；在学习上，则更是严格要求，严厉呵责……

女儿长大后，母亲仍保持一贯的行事风格，对女儿的生活进行干预，甚至毫不留情地严厉指正。这让女儿很不是滋味，感觉母亲并不爱自己，没有理解和关怀，甚至连起码的鼓励和尊重都没有，终于她无法忍受母亲的表达，开始对立和排斥。

时间一久，不管母亲说什么，女儿都认为母亲是在伤害和为难自己，看不起自己，打击自己，经常会在心里追问：为什么母亲就不能给自己一些鼓励？为什么就不能赞扬一下自己？为什么自己做什么母亲都不满意？虽然女儿也知道母亲那样说话可能是她亲近女儿的方式，但就是无法接受母亲的絮叨。只要母亲一开口，女儿心里就会生起无名火，对抗的话脱口而出，或者甩个脸色，很久也不说话，不理她。第一念的怒火毫无控制，但事后又懊悔难过！

其实，发脾气和冷战解决不了任何问题，越是想得到爱和鼓励的人，表面上可能越强势，想要借外在来掩盖内心的怯弱和苦，或者用自己的冷漠和不在乎来保护自己。

我们希望快乐，可是由于烦恼的存在，往往采取了错误的方法，走了相反的路。

其实，把内心放松一些，不要执取和在意那些所谓的话外之音，先不要急着证明自己，就能从点滴中感受到家人的爱。

听语言背后的爱，而不是听语言背后的情绪，更不要妄加臆想话里有话。

你能听懂"正话反说"吗

有一位企业家到寺院里倾诉自己的苦闷，家里的老母亲因病卧床，每天在家里心情不好，骂人，谁劝都不行。想让她念佛，她也坚决不念。做儿女的想孝顺她，但是老人不近情理，性情暴躁，自己作为儿子都难以忍受，再加上媳妇，家里就没法安生了。

想孝顺又做不到，偶尔就会和母亲争执几句，着急的时候，甚至会指责母亲几句，告诉母亲应该讲道理，不能随便骂人。母亲根本就不吃这一套，骂人骂得更加严重，家庭环境每况愈下。大家都很痛苦，不知道该怎么办。

寺里的法师告诉他，回家以后，不要再跟母亲讲道理，也不要劝她做什么，更不能指责，而是先听懂她的话背后的意思。她每天骂人，并不是真的骂人，是在说反话。她骂人是排遣孤独，是需要关怀，是告诉别人，她需要爱和鼓励。

这位企业家回家后，按照法师的指导，开始和母亲交流，不再劝母亲，也不再讲道理，更不争执和指责，而是告诉母亲："妈妈，您很了不起，辛苦了一生，为这个家庭付出了无数的心血，这个家庭所有的幸福都来自您的努力。您当年在工作单位为国家干了一辈子，国家如今取得这样的经济成就，就有您当年的辛勤创造，我们都记在心里，谁也抹杀不掉。您经历了那么多的事情，在无数艰难的条件下，完成了领导安排的工作，又养育了好几个子女。如今子女都已成人、成家、成才，都是您抚育和教育的成果。总之，您的一生很了不起，我们都很爱您，都为您骄傲。"

这样的话，这个企业家每天都会讲给自己的母亲听，由衷地赞叹自己的母亲，表达自己的感恩和敬仰。

后来，这位企业家又来到寺院，告诉法师，他的母亲现在不骂人了，开始念佛了，性情变得温和了，通情达理了。很神奇！

其实，人因为有情绪和烦恼，很多话会反过来说，就看我们能不能听得出来，从情绪的背后找到解开心结的钥匙。然后，去抚慰她、关怀她、爱她，幸福与和睦就会回到我们的身边。

要想让孩子听话，
大人先要学习如何听话

　　一位母亲和自己九岁的儿子一直处不好关系，儿子总是抱怨母亲不顺着他说话，遇到事情不帮他、不理解他。

　　比如，孩子外出旅游，喝汽水开盖时刮伤了手。因为汽水是别人买给他的，他回来就说是别人的错，导致他的手受伤了，以后再也不理这个人了，也不再喝汽水了。母亲说："这只是个意外，不能怪别人。"

　　孩子就开始哭，埋怨母亲每次都责怪他。

　　…………

孩子越来越不愿意接近母亲，不愿意听母亲的话，甚至在母亲和他亲近的时候，说母亲有臭味……母亲很痛苦，孩子也很痛苦。

这个母亲的问题就出在没有学会好好听话上。

听话，不能只听字面的意思，而是要听孩子语言背后的意思。其实，孩子希望母亲顺着自己，背后的意思是希望母亲爱他，关心他。小孩子没有能力对爱的方式做出更多的表达，他认为，自己有错，妈妈不责备自己，就是爱。

做父母的应该如何做呢？

当孩子犯错时，不要生硬地用道理直接去指出他的问题，来教育他，要求他改正，而是先要站在他的立场上，认同他的感受，再去引导他正确的做法。要让孩子敢于在自己面前犯错误，感受到家人无条件的包容和接纳，这才是孩子能够听得进教育的前提。

教育，一定要先讲爱，再讲理，如果总是"讲道理"而批评、指责孩子，孩子就生不起对父母的信心来。

试想一下，如果自己总是被另一个人批评教育，自己是能很好地改正，还是想躲开他？

我们常常讲，小孩子要听话，其实大人也要学习如何听话。听懂孩子看似不合理的话背后的需求，然后找到妥当的方法去帮助孩子改正缺点。

要有放得下的洒脱，

要有拿得起的担当，

凡事要"认真而不当真"。

第二章

『是非以不辩为解脱』

别人口中的你，好也罢，坏也罢，
都不是真正的你

有一位高中生给我留言：我生长在单亲家庭，有时听到同学的家长嘱咐同学尽量少和自己接触，说单亲家庭的孩子性格都不好……

听到了这样的说法，这位高中生平时在学习中更努力，在与同学的交往中，也尽量做得更好，但是心里还是很难受……

还有一位网友说，单位里有一个同事长期说她坏话，对她的评价很低，这让她非常恼火，也非常想不开。日子久了，感觉自己都要崩溃了。

求学、生活、工作中，类似的事情比比皆是，所谓"千江有水千江月"，每个人的心里都有一个观念和标准，认识问题的角度和方式也千差万别。实际上，哪有一个所谓的真正的自我，只有每个人内心所谓的你、我、他。

但是，我们凡夫非常容易执取一个所谓真实的自我，捍卫这个自我，只要别人一贬损这个"自我"，就会痛苦不堪。

想一想看，外人无论怎么说，贬损的都是他内心认为的那个你，从来也不可能伤害到真正的你，因为真正的你是变化的。

只是这个看似简单的道理，一般人并不容易理解。我们总是毫无悬念地纠结别人口中的自己，最后连自己都不知道什么是自己。

要懂得：别人的评价好听还是难听都不重要，重要的是你自己怎么对待。处理得好，好听的话是鼓励，难听的话是激励；处理不好，好听的话是奉承，难听的话是伤害。

别人口中的你，好也罢，坏也罢，都不是真正的你；自己执着的自己，身也好，心也好，也不是真正的自己——因为身心都是在不断变化的，没有一个独立于因缘之外、永恒不变的"我"。

所以，不必苦苦寻求他人的肯定和不肯定这些外在的标签来定义自己，而应找到生命中真正的方向。

未来不在他人口里，
都是自己营造的

　　一位快要毕业的大学生告诉我，他很快要面临结婚和工作两个大问题，可已经工作的学长却告诉了他很多关于职场中的蝇营狗苟，还有男男女女之间各种相互背叛的事。

　　种种的坏消息，让他很迷茫，不知道自己还能相信什么，自己以后要面对什么，该如何去面对。

　　其实，不仅仅是这位大学生有这样的困惑，很多人都有。

　　现在的网络，各种负面信息会飞快地传播，快速被人领纳，成为谈资，并在不知不觉中消耗自己内心的光明和力量。

事实上，谁也无法真正抉择自己到底要接受什么样的信息，生活中每天都上演着许多悲欢离合，众生的行为也有善有恶，不会只有美好的一面，也不会全都是灰暗的。

社会不仅是外在的环境，它也是共业的呈现，而自己也是共业中的一部分；未来也不是他人口里的，而是自己营造的。要相信自己，相信业果，工作与生活中，多看好样子，远离坏样子，诸恶莫作，众善奉行。

当你不再畏惧外在的目光，
外在就会为你让路

有一位居士，在小学时的课堂上，被老师当众说像个猴子，这让他深受打击，几十年过去了，伤痛至今无法排遣。

还有一些身体有些缺陷的人，长期被别人调侃，当作谈资，以致变得很自卑，他们可能尝试过很多办法，都无法从阴影中走出来，性格也越来越封闭，与人交流的能力逐步丧失⋯⋯

人心都有这样一个特征，总是记得过去某些人对自己做过的一些事，说过的一些话，一直无法忘记，每想起一次，就是对自己的又一次伤害，但又遏制不住地去想。

从佛法的角度讲，只要心里堆着这些伤害放不下，本身就远离了快乐。外人的恶言说出口可能他们早已忘了，但你却截取下来反复温习。

这才是痛苦的根本。

所以，平时我们要多想着别人对自己的好，多看光明面，多想自己的方向，这样内心才会生起正念。

每个人的内心和身体都有长处和不足，不管自己的条件怎么样，都要先接受自己，不要怨恨、嫌弃自己。不要老是看到自己缺乏的，要多关注自己拥有的，多想自己要做的。当你不再畏惧外在的目光，外在就会为你让路。

与其耗费珍贵的时光去回味被伤害的感觉，不如时时去温习、感恩生命中一切正向的话语和信息，并且逐渐养成习惯，这样慢慢就能远离记忆中的任何伤害。

内心无主，
当然就会活在他人的目光中

成功和失败是人生的两只脚，我们可能在某个阶段被别人肯定，在某个阶段被别人否定，这都是无常的。

一位银行职员，工作兢兢业业，但长期以来，都没有得到领导、同事的肯定。这样的工作环境让她非常想不开，痛苦的心情也连累到了家人。因为她越是希望自己能够做得令周围人满意、肯定，就越是做不好，就受到更多的否定。她想离职，却担心新的待遇还不如这里；不离职，自己又受不了，几乎到了崩溃的临界点。

红尘中，这样的事情比比皆是，我们常常不经意间高估了自己的能力，忽视了别人的要求。关键是，不知道工作、生活的最终目标是什么，没有方向，因此，根本就没有能力面对别人对自己的否定，结果就造成状态越来越差。

如果想做到"走自己的路，让别人去说吧"，那就要对自己要走的路有不退的发心。如果自己内心无主，当然就会在意他人的目光，不自觉地活在对虚妄的追求中。

佛法告诉我们，世间没有任何一个局面是永恒的，任何事都有因有缘有果，一切都在改变中。所以，我们一定要有向前看的勇气，因为任何一次自我更新，都要先经历挫伤和打碎的痛苦。就如做手术一样，开刀是痛苦的，但取出毒瘤就是新的开始。

平常心的另一面就是不平常的心

　　有一位母亲，她的孩子学习成绩很好，在学校获得很多的奖励。但是，时间久了，就发现，这个孩子与别人格格不入。慢慢地，随着年龄增长，跟父母的关系也开始紧张，后来竟然在父母批评他的时候和父母顶撞，最后发展到和父母动手。到了青春期，问题更严重。

　　经过仔细地分析和反省，父母回忆在孩子的成长过程中，没有很好地帮助孩子学会如何面对外界的赞扬，而是随着这些赞扬，也滋长了自己的傲慢心，言谈中不断地向孩子传递自己的骄傲，觉得别人的孩子都不如自己的孩子。

　　他们在孩子确实因为学习能力和成绩很优异而得到奖励的时候，没有及时告诉孩子，荣誉都是暂时的，要看淡，而不是作为永远的目标，因此过高地评价自己。

但是，母亲也觉得很委屈，认为正是这种对荣誉和赞扬的追求，而让孩子获得了更好的成绩。

岂止是孩子，成年人也是这样，在面对肯定和表扬的境界中，随时会不可遏制地升起愉悦的感受，并以此为乐。

我们常常讲平常心。平常心的另一面就是不平常的心——**被批评就痛苦，被赞扬就飘飘然，这个就是不平常心。**

平常心就意味着批评不为所动，赞扬也不飘飘然。当然，每个人都需要他人的肯定、赞叹来增强信心，但不可贪着于此，否则就会被名誉所困。欣乐于赞叹，必然痛苦于否定。所以，在面对外界的赞扬时，我们不可随之而转，增长骄慢执着。所求定高下。

拥有了赞叹中修行的能力，不仅能让自己的心越来越平常，越来越能够获得真实的喜悦，也能够真正懂得如何帮助成长中的孩子。

别人对你说假话时
如何善巧应对

佛教中有五戒，其中"不妄语"戒是一条很重要的戒律，核心是不说谎。

世间人一般很少能够意识到说谎的过患，常常会把谎言当成工作生活中必需的工具，用来解决很多问题，或者达到自己的某种目的。

其实，谎言会给自己的现在和未来都带来很大的痛苦和危害，只是我们一时意识不到而已。

怎么办呢？

首先，我们自己要慢慢学会不靠说谎来解决问题。然后，学习如何面对别人的谎言。

很多人都会遇到下属、同事、合作伙伴等等说谎的情况。

有一位管理者，最听不得别人说谎，一听到就当面戳穿，搞得气氛很尴尬，对方很愤怒。慢慢地，这位管理者发现自己身边的朋友越来越少，虽然自己也很委屈，觉得自己是个很真诚、眼里揉不得沙子的人，这难道有什么错吗？难道面对这些谎言，要装作不知道吗？但事实就是，身边的人不喜欢他，导致和别人合作时频频出现问题。

有一位年轻的法师在做弘法工作的时候，遇到一位信众说谎，年轻法师当面就指了出来。结果，这位信众勃然大怒，立刻交恶成仇。这样一来，弘法就完全谈不上了。

同样，有一位家长，当面戳穿了孩子的谎言，孩子坚持了一会儿，终于被家长列举的事实摧垮，情绪崩溃。结果家长很紧张，担心孩子会出问题。

在佛门里，比较强调要善巧帮助，观察自己与对方的因缘、说话的时机和方式、对方的接受程度等。不是只要自己说的话是正确的就可以，就一定要说出来，其他因缘不合适也不行，还可能适得其反。

比较妥当的做法是先听下来，认识到直接戳穿只能起到羞辱对方的作用，并不能真正帮助对方或者解决问题。

一般情况下，对说谎的人不适合当面戳穿，尽量先了解、关心对方，看看他在工作或生活上有什么难处。

缺点再多的说谎者也有优点，要能够找到他的优点，给予肯定，慢慢找到适当的机会鼓励对方改变。

不管他人如何看待，
业果会回答一切

有很多很多的女众留言，别人的一句话，就让自己受不了，甚至一个眼神，都会引起自己很多的想象，内心脆弱到不能经受一点点的风吹草动。

也有一类人，在生活中还是蛮坚强的，遇到一些问题也都能扛过去，但是在亲人之间就不行了。不难发现，生活中能够伤害到自己的并不是陌生人，哪怕他人无故的辱骂的伤害，自己也都能承受，过一段时间就没事了。但是，自己熟识的朋友或亲人的不理解和伤害，就让自己受不了，久久不能忘怀。一想起来，就会苦不堪言。

陌生人的辱骂带来的伤害，不及亲人的一句冷语，这正说明了真正伤害我们的不是外在的境界，而是自己内心对外境的领纳和认识。

对于亲友，我们内心有感情、有执着、有期待，所以更容易生起烦恼，受伤害。认识到这一点后，我们就应该回归到自己的内心来解决问题，"怨欲忘，恩欲报"。

每个人在生活中或者职场上难免会遇到意见不同的人、不和的人，每每遇到羞辱、谣言、诋毁等等，都可能会不断地冲击我们的玻璃心。

佛法教我们这样作意：学会让那些骂声随风而逝，不要录下来反复重播，这个"录音机"就是自己的心。

安忍他人的轻蔑讥讽，是积福第一法，还能感得相貌庄严的果报。所以，遇到他人的讥毁，要当作积福的机会，而不是斤斤计较、睚眦必报。

甚至于一些正常的议论和评价也会让我们的玻璃心承受不起。一旦把这些话语当真，全盘接受，就是领纳了对方的情绪、恶意，便会感到痛苦。

总之，不管他人如何看待，业果会回答一切。万事万物缘生缘灭，于中产生种种期盼、委屈、痛苦、彷徨，只因自己的执着、在意。

放得下，便云淡风轻。

是非以不辩为解脱，
凡事要"认真而不当真"

　　有一位信众，来僧团找法师哭诉，来的时候是由两个人搀扶着来的，非常之伤心。法师原以为一定是其家里发生了什么重大的变故，后来了解到，原来是听到自己曾经很信任的人在背后说了自己的坏话，这些坏话又被传到了网络上，令她难以接受。

　　她断断续续地说："我知道与人为善，也对那些在背后说自己坏话的人宽容，不予反驳，以德报怨；但别人还是不会念及你的好，还是接着说你的坏话！遇到这样的人我该如何应对，难道只一味修炼自己就可以了吗？"

　　佛门里有一句很了不起的话——"是非以不辩为解脱"。这里的

"不辩"不是外表上的不辩，而是内心的安然平静。我们的心要朝向自己仰望与感恩的对象，而不是时时刻刻在意伤害自己的人。当我们对伤害无有挂碍时，自己就解脱了。

天空是不会害怕别人朝它吐唾沫的。

在这里，我们要认识到语言对普通人是能造成很大伤害的，但是对修行人来说，就要经得起这样的考验。出家人修行，师父一般会让他们做一些弘法利生的事情。刚开始做，都会比较发心，渐渐地就会遇到一些境界，比如吃力不讨好，自己一片真诚，别人却不领情，甚至恶语相加，乃至明枪暗箭进行各种人身攻击等。这时候，就比较考验人，退心的就会说，既然这样，那我不干了。不退心的，就会在这些逆境中让内心更加有力，继续默默承担，做更多更好的利益众生的事情出来。

所以，既要有本事把别人的坏话"不当真"，又要有能力去做出实实在在帮助他人的事情来，这才是足够好的。

有句话说：一等人有本事没脾气，二等人有本事有脾气，三等人没本事没脾气，四等人没本事有脾气。

同时，凡事要"认真而不当真"，二者少了哪一个都不行。

当真，就容易变成执着；不认真，就容易流于放逸。对人对事要有放得下的洒脱，也要有拿得起的担当。如果仅仅是玩笑人生，那生活就会变成一个玩笑。

受到不公正的待遇时怎么办

人的一生，会有种种的境遇，或好或坏，荣辱得失。对此，一般人都是向外寻找原因，寻找规律，好让自己能够顺利过好自己的生活。佛法则讲，要向内找答案，向外找，只能让自己越来越痛苦。

在僧团里，为了保证大众的清修，设有执事，执行和运作各种事务。执事的上面是书记会，再上面就是方丈，不同的职务，行使不同的权力，这其实就是管理，古代和现代都要有管理。众人在一起，要修行也要弘法，各种事务非常繁杂。

每到一个阶段，就会调整，职务有上有下。这个时候，人的内心就会发生微妙的变化。世间人往往就会在这个时候充满痛苦，不安；修行人就会在这些境界里观察自己的起心动念，来调伏自己的烦恼，用功办道。

"不公正的待遇"，是在自己的判断和比较之中成立的——自己认为自己应该得到何种对待，然而却没有得到，别人却得到了。这是站在自己的角度去看待问题而得出的结论。但有时候，我们自己看待问题是相当片面的，所了解到的信息也不完整，并常常高估自己的付出，最后与现实相撞，觉得失衡、愤懑。

一个人受到什么样的对待，都是自己的业推动的。我们自己在外境上能起到的作用是很小的。所以，要想真正解决痛苦，还是要从自己的内心下手。

现实生活中，尤其是职场上，当觉得自己遭受了不公平的待遇时，不要第一时间怀疑主事者是出于私心而感到烦恼，而应当冷静下来，换位思考，好好反省自己的行为是不是有可改进之处，别人有什么值得学习之处，否则很容易带着烦恼去看待他人，造成错误的判断。

让躁动的心止息下来，把所有的信息都听全面。

就算是受到了不公正的待遇，但一直沉浸在其中，浪费了大半人生，很不值得。痛苦已然发生了，佛门讲叫"感果"了，那就坦然接受，然后去改变今后的人生。

这就需要一个良好的心态，良好的心态来自于对外在信息正确的听闻和领纳，然后进行正确的思考、判断和抉择。

做大事的人，
知道什么是"有违""无违"

　　曾经，孔子煮饭给母亲吃，每次都煮很多，母亲吃剩下后，孔子都问这些饭菜该怎么处理。

　　到了孔子的儿子时，饭就煮得刚刚好，如果有剩下的，他就自己吃了。孔子做饭都是照着母亲的意思办，无形中就有听话孝顺的含义在里头。

　　为什么从孔子到他的儿子，孝道有这样的差距。因为虽然做的是同一件事情，但人的发心却有不同。

　　《论语》只有慢慢去读，慢慢去体会，才能体会到其中的意趣。

从孔子言行的细节中，我们就能看到那些成大事之人的性格和心理基础。

春秋晚期有位哲人，到了六七十岁还唱歌跳舞，为的是让父母欢喜。

有一次，丰子恺寄一卷宣纸给弘一法师，请他写佛号。宣纸多了些，弘一法师就写信问丰子恺：多余的宣纸如何处置？这就说明弘一大师深深懂得尊重别人，善于听取别人的意见，什么事情都不会自以为是，自作主张。

听话懂事的背后，事实上是传统中的一种孝道。

《论语》里面讲什么叫孝道，孔子说"无违"，无违就是没有违背。这是什么意思？就是恰如其分，样样事情都能够做得恰到好处，都能够符合情理。

为什么我们很多人不能成事？就是因为有障碍——人与人的障碍，事与事的障碍。所以我们要去体会，才能知道什么是有违，什么是无违。

为什么会"话不投机半句多"

职场和社会有这样一个共识，你的成功取决于和对方谈话时让对方愉悦的程度。

在商业领域中，大家为了承揽客户，积累了很多原则、方法、技巧等等，这些方法都有很好的指导性，给我们的工作提供了很多帮助。

有一位成功的广告从业者，讲述了这样一个人生经历。他要说服一个企业家把广告费交给自己。谈判在午餐中进行，整个午餐，他都在倾听这位企业家讲述。

他也不知道为什么会一直倾听。正在他懊恼自己没有向对方表现出自己的能力时，对方已经明确表示把自己的广告费交给这位倾听者。

这个经验给了他很大的启发，成为他事业成功的一个重要心得。其实，这也应该给我们很大的启发。

人与人之间的沟通，不是说服对方，而是理解对方；不是告诉对方，我多么有能力，而是告诉对方，我愿意接受你的想法，体恤你的感受。

世间常有"话不投机半句多"的说法，这是什么原因呢？佛法告诉我们，首先我们会产生种种的认识和想法，这些想法只是想法而已，是会变化的，这就是无常。今天这么认为，明天可能就那么认为。今年这么想，明年可能就会那样想，时时刻刻都在变化。

当我们执着自己的想法，并认为永远不会变而且绝对正确的时候，就不会接受别人的意见。人活在世界上，怎么可能总是让别人的想法和自己的想法一致呢？

所以，在交流中，及时放下自己的想法，至少不要让自己的想法和别人的想法对立，就能愉快地交流了。

因为，那只是想法而已。

人生在世，太执着自己的想法，就常常会与人话不投机，常常与人冲突、对立，就失去了经营好自己的工作和事业的机会。

修行更是如此。

在具体的职场和生活中，会遇到非常复杂的境界，想要坚持，就会与人对立，但是我们不必生气，分清哪些是情绪，哪些是就事论事，这样，虽然想法有差异，但是内心没有对立。

想要做到这一点，就必须增强内心慈悲的力量，这就需要常常训练这颗心：从学习知恩、念恩、感恩开始。

中篇

一语点醒梦中人

一个人有没有智慧，

第一个条件，

就是看你会不会听话。

第三章

人有『六根』，
耳根最利

一个人有没有智慧，
第一就看你会不会听话

佛教的重要修行方法叫三慧，也是我们每一个人生命中应该明了的三种智慧——闻慧、思慧、修慧。

人生的这三大智慧中，第一个就是闻慧——听。

一个人有没有智慧，第一个条件，就是看你会不会听话。如果你不会听话，思慧、修慧，就无从谈起了。

对世间人来讲，听闻的能力非常重要。

比如人家讲，这孩子很听话，实际上不仅仅是说这孩子比较乖巧，态度好，嘴里答应得比较快；更多的是表扬孩子聪明——不仅听得进别人讲话，而且听得懂道理，能够听以致用。总之，赞扬一个孩子很听话的背后是懂事——聪明、听话（有的孩子聪明，但不听话），很懂规矩。

在佛经里，说人有六根——眼、耳、鼻、舌、身、意，其中，耳根最利。利是锋利、最厉害的意思。

在《楞严经》里就有《观世音菩萨耳根圆通章》，讲的是由耳根入道，一门深入。《楞严经》里还讲，"从闻思修入三摩地"。要想入三摩地，第一个还是闻——听闻。

经论上说："听闻随转修心要，少力即脱生死城。"意思就是人只要听闻能力这一关过了，就可以解脱生死了。

确实，听闻——好好听话的能力，在佛经里面被推到这么高的地位，显然是非常非常重要的。

在佛门中，特别强调依止善知识，而依止善知识的前提条件就是要听师父的话，这关系到一个人的心性。这个善知识分几种？一种是你的老师，或者师父；还有一种同行善知识，就像弟子们在一起，就是互相的善知识。如果听不进别人劝，这个人就很难成长了。

在佛菩萨眼里，
"好好说话"和"好好听话"有什么区别

在修行中，"好好说话"与"好好听话"是有区别的，一个是讲说，一个是听闻，即内修外弘。"好好听话"是内修，是修自己；"好好说话"实际上就是要度众生，是外弘。

讲经、讲法要标准，要契理契机。

比如，跟一个律师该怎么讲，跟一个领导该怎么讲，跟一个孩子该怎么讲，跟一个家庭妇女该怎么讲，跟一个厨师该怎么讲，等等，这个讲法的内容、方式完全不一样，角度也不一样。如果没有听闻这种能力的话，说法也就无从谈起。

有一位居士，写了很多研读《金刚经》的文字，然后放进担子里挑着到处宣讲。一天，他见到一个禅师，禅师只是跟他讲了几句话，他就立刻领悟到："我写的这些东西，跟真正的佛法相比，就像水滴与大海的关系一样。"于是他就把自己写的那些东西当场烧掉了。

还有一位禅师，上座讲法，拍一下讲桌，就讲完了。他这种讲法，不是说一定要讲出什么道理出来，而是真正去启发到别人。

通过以上两个公案可以发现，好好听话，首先还是要先修自己的听闻能力，而不是抱着一定要从别人那里得到什么，求得什么的目的。

佛法认为，人说话，是说别人需要的话，而不是说自己想说的话。但是，缺乏智慧的人会认为，说别人需要的话，是不是讨好别人啊？你们佛教徒老是投其所好，老是说别人需要的话，自己真正内心的需求，可能照顾不到。

说别人需要的话并不是投其所好，因为讨好别人，本质上还是在讨好自己。比如我要讨好你，是因为想利用你；如果我不想利用你的话，我没有必要讨好你。

一个讨好别人的人，是没有平等心的，而是有所求。这样的人见到有权有势的人，讲的话会很好听；他见到可能对他没有价值的人，讲的话就会很冷漠。而说别人需要的话的人，就不会有这种心理，因为有平等心和有所求的发心是不一样的。

所以，好好说话，不一定要讲出什么动听的话来，有可能一个眼神、一个动作、一个行为就能打动别人。因为目的是为了启发别人，关怀别人。

佛经里有一句话叫"黄叶止儿啼"：一个小孩哭了，这个时候你想让他不哭，跟他讲道理是不行的；你从地上拿一片树叶，跟他说，我这有一块金子，给你玩吧，这个小孩就不哭了。这片树叶就是佛法。

一句话：好好说话是启发别人，说别人需要的话；好好听话是启发自己，是修自己。

归根结底，无论是好好说话，还是好好听话，都是为了消弭主客，都是修行。所谓帮助他人就是帮助自己，成就他人就是成就自己。

先"好好说话"还是"好好听话"

对佛菩萨而言，"好好说话"与"好好听话"是一体的，是没有主客关系的，即没有你我。也就是说，好好说话是为了利人，好好听话也是为了利人，都不是为了利己；对菩萨而言，说话和听话都是说法利人天。

实际上，虽然"说"与"听"同等重要，但二者也有次第的分别，依说话的对象而定。比如这个对象需要倾听，你就好好地倾听，不要稀里哗啦讲一大堆；如果对方可能真的想请你开导一下，那你就好好地跟他讲一些道理，开导他一下。

既然"说"和"听"没有主客的分别，是否意味着先说或后说，根本不重要呢？其实不然。所谓"法无定法"，因为人跟人不一样。但就大多数人而言，在与人沟通交流的时候，还是要先听听别人怎么说，这是对别人的尊重。

总之，要根据当时沟通的情况，说别人需要的话。

作为出家人，因为交流对象身份的不同和场合的不同，说话的次序就需要调整。比如，在社会交往中，经常要讲"您先说"，多听别人的高见，表示对别人的尊重。那在宗教场所或者接待信众的时候，就不能这样说了，而要主动热情，甚至多说一些。如果过于谦虚，人家可能会误以为"这位法师是不是不想跟我说话？会不会是不欢迎我"。

所以，有的时候，法师就会在客人不愿意说、比较尴尬的时候，先热情洋溢地讲一些话，表现出对客人的欢迎，然后再听客人讲。这个时候，他们会觉得这个法师很亲切，也会很放得开。

这就是佛教里讲的"方便法门"。

什么是"不可说"

在佛法里，什么是"不可说"？比如，伤人的话不能说，缘分不到不能说，对别人不利、不利于团结的话不能说……

那么，何谓"不可听"呢？比如，负面的信息不要听，即不要入心；远离恶友之言。恶友之言有什么坏处？在我们内心没有定力，"功夫"不够强大的时候，恶友所讲的一些不好的话会破坏、染污我们的内心。

所谓"不可说"，在佛教里还有一句话叫"真心不落思维"。我们人类的思维活动、心理活动，在西方哲学里叫"我思故我在"，即一个人自我存在的依据就是思想，但是在佛教里就是要超越思想，不要受思想的束缚。

所以你说出来就不对了。只要能说出来的，就是错的，就不是真理。

世间学问的意义，就是一定要把它说清楚。

佛法讲无我，让我们超越烦恼，超越主客对立，所以，说就不对（但佛也可以陪你说，没有什么不可说，这是佛度众生的方便法门）。你只要有想说的话（说的话背后是心），你只要心一动，就远离真理了。

实际上，认定什么可说，什么不可说，都是一种我执，二元对立。

就像平常人讲佛法，说得都没错，就是佛说的。但是讲法者的那个心是凡夫的心，所以嘴里虽然说的是佛法，但却不是真正的佛法。而你不说，也不一定就是佛法了。

你说或不说它都在那里。

所谓"起心动念皆为错"。《楞严经》里用八个字讲得更透彻——"狂心顿歇，歇即菩提"。

如何理解"有的事可说不可做，
有的可做却不可说，
有的既不可说又不可做"

1. 什么是"有的事可说不可做"

人与人之间，不能很清高、很傲慢，要有正常的交流表达。但是某些事情，你可以说，不能去做。

比如对出家人来说，他要持戒，但他妈妈不是佛教徒，妈妈会对儿子说，你持什么戒，那个戒律都是害人的，你应该怎么怎么样。出家人肯定不能跟他妈妈争辩，说"你不懂"，而是要哄一哄妈妈："妈，您说得对。站在您的角度看，您说得很有道理。我会好好去做，好好照顾自己。"说一句模棱两可的话，安抚一下妈妈。话虽这样说，但是出家人不能像其母亲希望的那样去做违反戒律的事情。

这个就叫随顺众生——"有的事可说不可做"。不然的话，这个出家人就变成了一个很清高、很傲慢，与这个世间格格不入的人。

对世间人来说，也是这样。以曾国藩为例，他早年的时候，在官场里，铁骨铮铮，刚正不阿，把人都给得罪了，但他觉得自己是对的，结果发现处处碰壁。于是，他开始反思。他发现自己的世界观并没有错，但是在做事情的时候，没有兼顾到圆融的一面。比如，在官场肯定会有一些官话必须要讲，这是一种客观存在，是人与人之间沟通交流的礼仪；如果连官话都不讲，很多事就做不下去，这样下去肯定是不行的。

曾国藩认为，身处某种特定的环境，说一些应景的话，实际上并没什么关系。但是要做的时候，做到什么程度，用什么方式去做，就需要圆融，而不是机械教条地去做。

再比如说，夫妻之间在吵架的时候，太太说，你看你就没有给我买过什么什么，种种的条件都没有。另一方要听得懂她说的这句话，其真正意思并不是真的想要什么东西，太太只是抱怨一下。丈夫这时千万不要说"你就不配有"，也不能说"我就不给你买""人家都没有，你凭什么要"之类的话，应该说："好好好，你确实应该得到这些，是应该给你买的，但是咱们钱不是很紧嘛，等将来我们条件好了，可以再去买，分一下轻重缓急嘛。"夫妻之间的沟通，不能生硬地用一刀切的方式来表达。随顺一下对方，不一定真的要那么去做。

如果孩子生气了，跟父母说："我就不上学了。"这时，你千万不能说："你就要上学，不上学我就打死你。"你可以耐心地跟孩子讲："那你要不上学，你想去哪里？你想干吗呀？说说看，让我也想想是不是可行。"孩子可能会讲一些"我要去×××"之类的话。此时，父母要先随顺孩子，鼓励支持，然后再想一些办法，慢慢打消他的一些不当念头……

2．什么是"有的事可做却不可说"

佛门里面，有哪些事儿，可做却不可说呢？

没有做成的事儿，一定不能先说出来。咬紧牙关，至少做到七八成了，没有问题了，因缘成熟了，才可以告诉别人。

世间有很多人认为，"我就是个大嘴巴，在这个事儿还没做成之前，可以先说出来，让大家高兴高兴"。但对佛门来讲，做事情就是要脚踏实地，不能来虚的。你要做一件事情，只有在做成以后，或者十拿九稳了，这个时候有一个缘起，就可以说了。

比如，没有把第二天所有的事考虑周全，就通知谁谁谁说明天你来一趟。人家不看僧面看佛面，来了，但其实我没安排好时间，被别的事耽误了，抽不出空见别人，让人家白跑了一趟。这样，人家耽误的时间，白跑的这个油钱，汽油对大自然的污染……这些账都要算在我身上。

事没有做好、做完，就事先公布出去，这就很不好。因为一句话，可能调动很多人力物力在运作，最后运作完了，没有达到效果，会令众人大失所望。小则大家认为我是一个叫"狼来了的孩子"，讲话失信；大则自己要背因果，这是佛教的理论。像我们就不敢随便讲话，从戒律上就有要求。

当然，也不是绝对的。比如一个团队计划完成一件事，领导就要鼓励团队的人，不断给大家讲愿景，让大家心往一处使劲。所以，对待"有些事可做不可说"这件事，特殊因缘的情况下，要特殊处理。比如说多年前我常常跟弟子们讲，我们应该怎么怎么做，讲一些愿景——海外办道场，国际弘法。当时很多弟子不理解："我们在中国大陆的这个寺院里，海外跟我们有什么关系？"几年以后，我们都是按照愿景一步一步在走。有人问我："师父，这些事儿，我们都够不着，您为什么跟我们讲？"我说："不讲，你们都没有信心。"所以做师父的要不断鼓励弟子们。

这就是又要做，又要说。说的目的是为了鼓励人，不是为了炫耀。

3. 什么是"有的事既不可说又不可做"

佛教认为，无益的话不能说，无益的事不能做。

弟子们刚刚出家的时候，包括一些刚刚接触佛教的居士，会有很高的弘法热情，希望能够为佛门做出一些事情来。

从培养人才的角度来看，就是要让他们历练，让他们去实践，在顺境和逆境中成长。但是从现实的缘起角度来看，人和人的差距还是很大的，有的人会一直找不到门路，做的事情始终不得要领，也做不到点子上。

有的事情，不做比做了更好。所以，当家的领头人，有一个重要的工作，就是推动有益的事情，制止无益的事情。

一句话是否有益，一件事情是否有益，不能机械地做出判断，都是站在不同的角度来看。曾经有一位弟子做了不少事情，说了不少话，很辛苦。但是，方丈也不得不告诉他，你做的这些事都不合适，以后要少做这些无益的事情。

弟子很不解，也不太服气。

方丈就告诉他，站在你的角度和高度来看，是有益的；但是站在方丈的角度和高度来看，从全局的角度来看，就是无益的。

这样，这位弟子就理解和接受了。

有益和无益都要有一个参照物，要关顾到整个团体，从更长远、更广大的角度去衡量、去判断。这样，就需要修行人不断地学习和成长，不断地从前人那里获得经验的传递，继承和发扬好的传统，不断从狭隘自我的格局中突破出来，有更高的眼界和胸怀，尽可能多地了解和认识时代的特征。

这样，说出来的话，做出来的事情，就会有益。

佛经中有哪些
我们生活中日用而不知的成语

1．借花献佛

在佛经里，"借花献佛"是指用鲜花来供佛，是一个很好的培养福报的机会，会感得相貌庄严。

按照现代汉语中通用的说法，借花献佛应该属于褒义词，常被借用在很多生活场景中，体现的是对大家的一种尊重。比如说你给我一个东西，我把它给了另外一个人，这个时候，为了避免人与人之间产生矛盾或误会，就可以说借花献佛。你给我的东西，我给了他，我借了你的东西，献给佛了。而这个花的原主——你，也有福报，也有功德。

2. 皆大欢喜

"欢喜"，在佛教里是很重要的一个词。菩萨修行有十个阶位，叫十地菩萨，其中有一地就是欢喜地。从修行的角度来看，修行本来就应该越修越欢喜，皆大欢喜，不会越修越苦。越修越苦就修错了，就没有人去修了。从个人为人处事的角度来讲，说话做事要尽量做到皆大欢喜。

3. 逢场作戏

"逢场作戏"出自北宋释道原的《景德传灯录》："竿木随身，逢场作戏。"意思是说，江湖艺人到一个地方，随身带竿木，蒙上巾幔搭成台，当众演出。语多出于禅宗语录，指悟道在心，不拘时地。

佛法是心法，告诉我们人生是一场梦，一场戏，修行的意义就在于从梦里醒来，而不是把梦做得更梦幻。但是醒来的人——佛菩萨——愿意陪着众生一起做这个梦，陪着众生逢场作戏。所以，佛门里有一句话，叫"水月道场，梦里佛事"，就是提醒大家，喜怒哀乐，不要当真。

从佛教角度讲，"逢场作戏"算是个褒义词，但不是世间所理解的那样，本义应该是"认真但不当真"。就是说，我们为人处事，要认真、脚踏实地，但是不能当真，当真就容易执着。

贪嗔痴慢疑到底有多害人

什么是贪？贪钱、贪地位、贪美色……凡是认为好的东西，就会生喜欢之意，想据为己有。这就是贪心了。

有贪心好吗？不好。

也许有人会说，一个人连贪心都没有了，连追求心都没有了，那怎么去奋斗呢？其实，佛家认为的"奋斗"，指的是要向内心奋斗，除去烦恼。这样获得的生命体验，不知道要超出世间公认的那些快乐多少倍。

看见一个美好的东西，我们可以去追求，但不要受贪心、名利心的驱使，否则就会很痛苦。如果我们在脚踏实地做事的过程中，把这个贪心拿掉，反而会对做这件事情有非常大的帮助。比如建庙，虽然弟子们每天都在追求，但不是出于贪名利、贪庙大、贪香客多、贪信众多等贪心来做的，如果建立在贪心上，就会越干越苦。而是要建立在度化众生、利益大众的发心基础上，如此，就会越干越欢喜，越干越有劲头。

在做一件事的过程中，如何区分自己是出于贪心还是欢喜心呢？

其一，我们在做一件事的时候，如果以利己的贪心为动力，就一定会痛苦；以利他的欢喜心为动力，导向就是快乐。换句话说，要衡量自己是否有贪心，就要看看做事的时候是否有痛苦。

其二，观察做事的起心动念是否有恶。如果起心动念不对，是贪心在作祟，你就会患得患失，痛苦不堪，以致在克服困难时受到极大的阻碍。

怎么克服贪心呢？就要按照佛教的次第来修行：布施，持戒，忍辱，精进，禅定，智慧；按照佛教的理论来修自己的心。

佛教核心的理论，就是要去除烦恼。烦恼的相貌就是贪嗔痴慢疑——心的五个病态，根源是我执。如果我们对它视而不见，不去用功修行，不去解决它，必然就是带病去生活、工作、学习，后果就会很严重。所以要先把病治好了，再去做事。

嗔心，简单来讲就是不喜欢。

比如吃东西，喜欢吃白菜，见到白菜就高兴，多吃几口；不喜欢萝卜，见到萝卜就不吃，放得远远的。这是细微层面上的贪心和嗔心。

其实萝卜和白菜都是无辜的，是我们主观上给它贴了一个标签，由此就生活在贪烦恼和嗔烦恼之间，患得患失。

对人也是一样的，跟张三投机，跟李四不投机，这就是有分别心了。在生活当中，这样的分别心会给自己带来很多痛苦和烦恼。

比如，甲对乙起了欢喜心，以后两人见面就会很愉快，有事儿说事，没事儿也很开心。但如果起的是贪心，那么甲见到乙以后，如果觉得有求于乙，就会谄媚；而当甲发现无求于乙，觉得乙无可利用了，就会傲慢。

所以，贪心会让一个人陷入对上谄媚、对下跋扈的状态。

什么是嗔心呢？打比方讲，我不喜欢某人，我俩见面以后都不愿意说话。时间久了，就像仇人一样，都不开心，谁让我俩一起做一点事情，都会很痛苦。其实根源就在人的嗔心。

把嗔心拿掉以后，你跟谁都会很开心。

什么是痴心？就是搞不清楚什么是贪心，什么是嗔心。

也就是思维里面充满脏乱差，稀里糊涂，不看自己的心，也不看别人的心；话乱讲，也乱听，事乱做；最后内心染污，活得很痛苦。得过且过。

什么慢心？就是傲慢，不分场合、不分条件、不分地位地傲慢。

老百姓常说一句话："嫌人穷，恨人富。"有钱的说没钱的："你有什么了不起，你看你连钱都挣不着。"没钱的说有钱的："你有什么了不起，不就有几个臭钱吗？"这就是傲慢心在作祟。

傲慢就是看不起别人。身体好的看不起身体差的，漂亮的看不起难看的，健康的看不起不健康的，有地位的看不起没地位的……都是病态。

做人，一定不要傲慢，平平常常的，大家都和睦相处，多好！

什么是疑心？就是怀疑贪嗔痴慢的这些道理。

从狭义上来讲，疑就是怀疑佛法；从广义上来讲，就是疑心病很重，对人不信任，老怀疑别人对不起他，实际上就是疑烦恼造成的。

人有了疑烦恼，不太好办。道理很简单，我们看贪心、嗔心、痴心、慢心、疑心，只要能够调伏一点，我们就会幸福一点，快乐一点；事业就好一点，家庭就和睦一点。但是只要疑烦恼一出来，就一点都没有了。

另外，所谓疑，我们还可以从另外一个角度来分析。

比如有一种理论，讲的是遇事要保持独立思考，不要盲从，首先要持合理的怀疑态度。对此，佛教里有另一种说法，即小疑小悟，大疑大悟，不疑不悟。大意是说，你要没有怀疑的话，你就觉悟不了。

当然，以上讲的"合理怀疑"中的"疑"跟"贪嗔痴慢疑、疑烦恼"中的这个"疑"是有区别的。

在佛教里，烦恼是可以被利用来修行的，利用人的贪心，利用人的疑烦恼。因为他不是圣人，他有烦恼，他要修成圣人，只能用自己的烦恼来修，正所谓"烦恼即菩提"。

因为他没有别的工具了，只有烦恼，你问他要圣人的素质，肯定是没有。那对佛陀来说，必须开出一条路来，就是给烦恼重重的凡夫开的。所以佛教才有用，才能度化众生。众生都是圣人了，就不需要度化了。佛教不能就是一个空洞的理论。

佛陀教授弟子要怀疑，如此他才能跟弟子们互动，对他们加以指点。有的时候弟子有疑问，问佛陀，佛陀开始答疑解惑；弟子继续问，佛陀继续答，如此一问一答，弟子才会深刻明白佛陀讲的是对的。这是一种修行的方法。

很多经典都是记录佛陀和弟子的问答。

还有一种修行的方法：学习教理，根据人根性的不同来学习，这种方法适合知识分子。知识分子讲逻辑，讲条理，他的知识非常丰富，知识结构非常严密。既然佛法是真理，就不怕辩论，在框架之内辩论。玄奘大师在印度与诸多思想家辩论，谁输了要砍头，直至最后大师都没有输，所以大家就叫他大乘天。

贪嗔痴慢疑，每个人身上都有，五毒俱全，其病根就是我执。它们之间没有一个具体的次第，都是根据环境随机发生的。你的六根遇到什么，就会随时生起什么——看见好的、听见好的就贪，看见不好的、听见不好的就嗔。

听话不是表面功夫，
也不是机械教条，
而是真正学会懂得用心。

第四章

解门、悟门

不该知道的，你就先不要知道

古往今来，修行人都是豁出命来去寻找善知识，找到自己的老师，找到能够调教和启发自己的人，而不是先去找书本。

在古代，因为印刷业不发达的缘故，经本比较难得。到了现代，印刷业和网络高度发达，获得经文已经不是一件难事，《大藏经》在网上随时可以检索。

那么，我们是不是就可以通过读书获得修行的成果呢？

其实，还是不行的，还是需要老师。任何行业都是这样，一定要有一个引自己入门的人，要有点拨和教诲自己的人，要有善知善识自己根器的人。

有经验的法师，在引导学人时，不会让他乱看书。但是新人往往就愿意多看书，就是很想看，难以遏制，主要是因为好奇。佛教有那么多的宗派，三藏十二部经典有那么多的法门，那么多的修行方法，对一个新人来说，充满了诱惑力。

这个时候格外考量一个人听话的能力，是不是对自己的师父有信心，是不是能听得进去自己师父的话，然后克服自己的习气，照着师父说的去做。

师父是过来人，看什么书，怎么看，什么时候看，什么时候看什么书，其实都是很有讲究的。

对于很多修行人来说，需要不断加强闻思的量，如果没有广大的闻思，所学就会很肤浅。但是要找到真正对我们有益处的书，甚至怎么读，一天读多少，都需要有明眼人做指导。否则，不加拣择地看了很多他人的言论，如果理解错误或没法贯通，就容易中毒，知识就会在头脑里变成垃圾。

有一位法师，刚出家的时候，师父就告诉他不要乱看书，他忍啊忍……终于有一天，在图书馆，他实在没忍住，就选了一本看。那是一本讲禅的书。

后来，他又碰到一本漫画书，讲《金刚经》的，也是没有忍住，虽然也想起了师父的教诲，但是还是拿了起来，给自己找个理由说："这个是漫画，不算书，看了也无妨。"

片刻，他还是觉得这个理由太牵强，就乖乖地把书送了回去。

其间，还有几次没有忍住，乱看了几次，知道了不少说法。后来，他非常后悔，因为佛门有解门和悟门：开了解门，往往就可能关上了悟门；开着悟门，就不要打开解门。

说白了，就是不该知道的，你就先不要知道。

真听话的，师父的办法就会比较多；不听话的，师父就不好办。自己懂得太多，最后谁的话也听不进去，就不好悟了。

听话不是表面功夫

　　有一位法师，师父调教了他很多年。刚开始，都是让他听话，大事小情都要听师父的安排。师父也常常会给他一些境界，甚至故意冤枉他一下，看看他能不能受得了。

　　只要他有什么事情没有汇报，自己做主了，师父就批评他："你怎么不汇报？"吓得他下次什么事都不敢自作主张，继续老老实实、事无巨细地汇报。

　　慢慢地，师父看他比较听话了，就开始换个方式调教。等他再汇报事情的时候，就呵斥他："你怎么什么事都跟我汇报，没看到我忙吗？"

　　骂得他丈二和尚摸不着头脑，想辩解又不敢。

反复几次，这位弟子有所领悟：听话不是表面功夫，也不是机械教条，而是真正学会懂得用心。

　　不少人在了解了佛法后，能很快地激发起善根，一开始会比较发心，比较用功，比较努力。但是时间长了，就会懈怠，初发心就找不到了。

　　能不能持之以恒地听师长的话，按照师长的引导修行、用功，很关键。佛门里常常讲，不是没有好的师父，是好的弟子不容易找。

　　好的弟子就是弟子相具足。弟子相具足，才能接得起当头棒喝，才能受得住师父的种种调教。

　　《菩提道次第广论》中对弟子相的说明是：正住、具慧、希求。正住，简单说就是谦虚好学，不执着自己的知见，与"听话"有些近似。

　　但听话也要看怎么听，是完全不动脑筋被动地听，还是能够放下自己的见解。很多人是小事听师长的，大事听自己的，表面听话，内心我执坚固，一动不动。

　　这样就不好觉悟。

你是"倒扣着的碗"
"漏碗""脏碗"吗

在《菩提道次第广论》这部论典里，有一个很著名的比喻，把错误的闻法状态分为三类。

第一类，倒扣着的碗。

就是说，碗倒扣在桌子上，绝对不可能装进水。比喻我们不想听闻，或者根本就没有能力听闻。

在现实生活中，如果仔细观察，会发现人与人之间的差距很大。有的人听一遍就能记住；有的人不管怎么讲，或者没听见，或者没听懂，或者走神了，总之，就是不知道在讲什么。

这样的人一般都属于有业障——听闻的能力有障碍。

第二类，碗底有个洞。

什么意思呢？水是倒进碗里了，但是会漏掉，倒多少漏多少。比喻我们在听闻善知识言教的时候，虽然听了，但是不思考，不重视，听完就忘记了。

所以，我们听到了善知识的言教还不算，还应该反复地思维，如同在木头上刻印迹，反复刻，这样才能在心里留下很深的刻痕。如果不思维，就如同水上的涟漪，很快就消失了。

第三类，脏碗。

一个碗里很脏，有污垢，甚至是有毒，无论什么水倒进去，都会变成脏水或者毒水。比喻我们在听闻善知识言教的时候，内心已经有了一个想法、观念，无论听进去什么，都会被这些先入为主的观念解读和染污，得出的结论当然和听闻的善知识的言教本意大相径庭，甚至南辕北辙。

从小到大，我们每个人都会接受到种种的信息，而我们的习性常常会把这些听来的信息当成自己本有的经验，不可改变，固执地坚守，以这个经验为标准去判断和解读新信息。

　　从佛法的角度讲，一个人要想进步，就一定要把这些经验放下，以谦虚、好学的心态接受来自善知识的教诲。就好比把脏碗洗干净后，再装进来的水就是清净的。

当别人反对你的好习惯时怎么办

吃素是个很好的习惯，有很多的好处，不仅可以间接地放生和护生，更重要的是可以培养我们的慈悲心。但是一个素食者常常会遇到很多的质疑，会被追问很多问题。

比如有人说，植物也有生命，你为什么还吃它？还有人会说，有的动物就是被人吃的，生物链就是如此，弱肉强食；人是肉食动物，不吃肉，营养不够，身体会不好，等等，诸如此类的问题。

在家里，一个家庭成员不吃肉，会被大家用种种理由劝说，有的家人甚至会以长辈的身份来要求晚辈吃肉；在社会上，朋友之间往往也会劝。这就会导致吃素的人很苦恼，想坚持一个好习惯，但是环境不好，反对意见太多。

在寺院里，除了饮食很清净，也没有报纸，没有电视；早上四点就起床，晚上九点二十分准时熄灯；准点吃饭，准点用功，大家过着非常有规律的生活。很多居士过了一些日子很喜欢，身体不好的，开始好起来；心情不好的，也渐渐好起来；精神面貌不好的，也渐渐恢复过来。

有一位居士，在寺院里过着这样很清净的生活，忽然有因缘要离寺办事，回到世间，遇到一些朋友，被大家一劝，刚开始还能坚持，过了一些日子，就什么都坚持不下来了。吃素也吃不了了，早起也起不来了，定课也慢慢荒废了。

还有一位居士，回家后，坚决不听家里人劝，引起全家人的反感，争执不断，最后离家出走，让家里人很伤心。

这样，都不是一个好的结果。

这就有一个很现实的问题摆在我们的面前：面对别人反对我们的好习惯，怎么办？首先要理解到，家人也是一片好心，要感恩，不要烦恼。平时用餐的时候，多注意素食的搭配，保证营养的全面，令家人放心；可多与有相似经历的善友交流；实在不行，可以吃肉边菜。

吃素和不吃素本来就是两个世界观的事情，不能硬拉在一起产生对立，还是要多尊重、包容、理解、感恩。勿以自己的价值观去衡量他人，生起慢心和排斥心。

家人劝自己，也是为了自己好；而自己学佛修行，也是为了报亲人之恩。改变充满对立、烦恼的心态，让自己的行为展现出佛法善良、智慧、积极的内涵，才能渐渐感染家人——自己的业转了，外在的环境才会转。

　　当然也不能随波逐流，而是先听进别人的意见，在心里进行正确的抉择，身语不采取抗拒的态度，慢慢地交流，耐心地沟通。

　　当佛法真正在我们的身心发挥作用的时候，就能够影响外在。

如何听话才算是真正孝顺父母

一位居士，大学毕业之后开始学佛，父母很不情愿，甚至很反对，常常为此有情绪。但是，经过几年的学习之后，发生了一件事情，彻底改变了父母对孩子学习佛法的态度。

有一天，这位年轻居士开车带父母去医院看病，在路上，母亲拿起一颗糖，刚吃了一半，父亲就急了，嚷道："你怎么回事，不知道自己有糖尿病吗？这么不懂得节制，那还看什么病呢？"

母亲立刻反唇相讥："用你说，我不就吃块糖，犯得上你这么说我吗？"

车内的气氛立刻紧张起来，大家非常不愉快。按照以往的情况，再来两句，就会爆发更激烈的争吵。

这时孩子跟母亲说："妈妈，我爸不让你吃糖，他不是说你，他只是不太会表达而已。他是想说，他很需要你，很爱你，希望你健康，很害怕失去你，所以就会着急，一着急说话就会不好听。你不要听他的那个不好听，要听他对你的爱。"

母亲沉默了。

孩子又跟父亲说："爸，我妈已经病了，她更需要宽慰。你那样跟她说话，也没有错，只是妈妈生病期间，身体不好，心情也不好，所以就会不接受。她也不是故意要跟你吵架，故意跟你对着来，她就是习惯了。你多理解她。"

父亲也沉默了。

车里的气氛一下就缓和下来，然后父亲跟母亲说："好吧，是我不好，不该那样跟你说话，是我太着急了，以后我会改一改我的习惯。"

母亲则跟父亲说："我确实不该吃糖，本来就生病，让家里人着急，确实不好。以后我多注意。"

从这之后，这对父母对孩子学习佛法这事不仅不反对，还常常督促孩子要好好学习。

如何与老师相处，决定了我们的成就

一个人的听闻能力，一方面体现了一个人的基本素质，另一方面也体现了一个人的内心力量和品质。在内心接受传统文化的态度上，乃至实际能力上，坐而论道是一回事，真正能做到几分又是一回事。

佛教非常讲究长幼尊卑的伦理关系，极其重视师承关系，有一套完整的学习和听闻的训练。

依师听话是一个修行人最基本的素质，刚刚进入佛门的出家人，都要从这个地方开始训练，对善知识的言教要做到言听计从。

我们依师的能力如何，可以从世间和佛法两个方面来看。从世间来讲，我们的第一任老师是父母，我们对父母的态度就代表了我们对善知识的态度。此外，我们上学的时候对老师的态度如何？是不是很喜欢请教老师，听老师的话，不与老师顶撞？学了佛法之后，我们对于周围的善知识和同行善友，内心又是怎样的一种态度？和他们相处得如何？这些都代表了我们依师的程度。

我们的内心是不是希求别人来教我们，我们依师的条件够不够？

一位法师在寺院里负责建设，很负责任。虽然他很努力，也很有成绩，但是师父很少赞扬他，反而经常批评他。最让他难以忍受的是，盖好的东西常常要反复拆改。

更甚的是，师父有时候会忽然给某个弟子发个消息，就某个错误狠狠地指责和批评他一下，让他一天都不开心，因为那个错误根本就不是他犯的。但是，师父就是言之凿凿地骂他。

师父是不是真的误会了，搞错了呢？

都有可能。但是这个都不重要，重要的是这个弟子能不能经得起这样的考验，能不能做到不辩解、不灰心，求道的心不为这个小境界所动。

经得起这样考验的弟子，懂得了如何与引导自己的人相处，之后就比较容易听得进师父的教授，才算是入道了。

下篇

有求必应

放下自己的感受，去体谅他人，

真正的爱，

是没有执着、没有要求、没有期盼的。

第五章

很多『爱情』其实
是一种交换

人们爱上的，往往是"被爱"的感觉

问：法师，这困扰世间的爱情该如何理解呢？

学诚法师：很多人所谓的"爱情"其实是一种交换：因为我对你好，所以希望你也对我好；人们爱上的，往往是"被爱"的感觉，是对自我的满足。所以，当这种"交换"不平等时，就产生了痛苦。真正的爱，是没有执着、没有要求、没有期盼的。

别人之"得"，不是自己之"失"

问：师父，得知我的前任结婚了，而且他老婆怀上了孩子，应该是要祝福他的，可是我的心里真的非常难受，甚至会想如果他老婆怀不上的话我可能会高兴一点。我知道这样想是不对的，我该怎么办才好？

学诚法师：自己没有的，也不希望别人有，把别人之"得"当作自己之"失"，其实自己并没有失去什么东西，但自己内心有了这种设定，就会产生失落感，引发痛苦。如果我们能够观照到这都是内心的错觉，把心力放到自己当下要做的事情上来，不要去做无谓的比较和假设，就没事了。

为还没有发生的事情纠结，是妄想

问：我和老公刚结婚，今天听老公的妈妈说，他一个朋友会算命，算到以后我们会有离婚的可能，弄得我好纠结。

学诚法师： 学佛者应该懂得：1. 万事皆无常；2. 命运掌握在自己手里；3. 为还没有发生的事情纠结，是妄想。

争理不如争错：何必一定要对方接受自己的意见，何不自己去接受对方的意见

问：阿弥陀佛，顶礼学诚大和尚！请问，两个相爱的人经常因为一点小事发生争执，彼此都想改善这种境况，却不清楚从哪里着手。这时是应该远离彼此以阻止互相伤害，还是用什么其他的方法改善？感恩师父，愿法体安康。

学诚法师： 争理不如争错，何必一定要对方接受自己的意见，何不自己去接受对方的意见？

一百个人心中有一百个你，但哪一个也不是真实的你

问：法师，前任与我分手后扭曲事实，向我们共同的朋友抹黑我，导致我个人形象很受损。我应该怎么做？

学诚法师：一百个人心中有一百个你，但哪一个也不是真实的你。做好自己最重要，不必为这些虚妄的"形象"患得患失。

感到受伤，是因为向外在索取太多了

问：童年时家庭破碎，我深受其害。因为这样的经历，我比普通人需要更多的安全感。在组建自己的家庭时，我跟丈夫已言明，他也欣然答应。但在婚后的十几年里，他却无视我的特殊经历。我现在非常压抑，几近崩溃。怎么办？

学诚法师：感到受伤，是因为向外在索取太多了。心上的伤疤无形无相，只存在于自己的心念、感受之中，你觉得它深它就深；你不去强化它，它就没多大力量。正因为自己一直执着，才投下深深的阴影，让自己感到痛苦。本意是希望离苦，但所做的却是在增苦，明白吗？试着放下自己的感受，去体谅他人。

人和人最好的关系就是一起成长

问：大师，女友和我分手大半年了，我还是无法忘记她，该怎么办？

学诚法师： 无法忘记的，是记忆中的影子；停留于妄想，就是人的执着。过去的自他和现在的自他都已不同，这就是无常的真相，没有人可以留住。人和人最好的关系就是一起成长。

让自己走在成长的路上，才能利益一切有缘无缘的众生；如果自己陷于执着的泥沼，自顾尚且不暇，如何带给别人快乐？

我们对别人不满的时候，通常都是没看到自己的缺点

问：师父，我经常控制不住自己的脾气，总是对另一半不满，看他不爽，是不是不该一起过下去？

学诚法师： 反过来多看看自己：自己做了多少事？为他人付出了多少？做得好不好？当我们对别人不满的时候，通常都是没看到自己的缺点。

下雨了，

撑伞就好，

不要去记恨老天爷。

为什么孝是"色难"

问：法师，母亲总是以"一切都是为你好"的名义强迫我做我不喜欢的事情。因为她很强势，家人觉得她做得不对，也不敢指出来，而我只能服从。真的很苦恼。

学诚法师：感念母亲的心意，不怨恨，不顶撞。孔子曾经说过，孝是"色难"，真心实意去理解、尊敬、感恩是根本。人生怎么才是"好"，不同的知见得出的结论是不同的，行事要根据智慧来抉择。

父母不能理解晚辈怎么办

问：顶礼法师！请教，父母不能理解晚辈，但又不问清楚，反而背后说晚辈的不是。晚辈该如何是好？谢谢。

学诚法师：父母误解了，然后说给别人听，别人也误解了，又怎么样呢？自己的心念决定行为，行为决定业力，业力决定命运，自己的心念、行为、业力都不是由别人的看法决定的，不必委屈。事情的重点在于，发现自己与父母沟通不畅时，要想办法弥补，父母下次再念叨时听着就是了，让他有机会说出来就好了。

不要串习"我真命苦""为什么要我做这些事情"等负面情绪

问：法师，我最近心情很浮躁，脾气也控制不住。这两个月，因为工作、学校及家里的事情，越来越难掌控自己的情绪了。我妈妈生病了，家里人又重男轻女，我要自己挣钱凑学费，还要照顾妈妈，以及包揽家里所有的家务活。每天都很烦，不知道该怎么办，很讨厌这种生活。我之前脾气很好的，也很能忍，不会轻易发火，现在每次发火后都会后悔。可是要选择忍耐的话，我心里很不舒服，很压抑，每天都想着到底怎么样才能解脱。我很不想对妈妈发脾气，但真的控制不住。

学诚法师：浮躁、暴躁，是因为自己一直在排斥眼前的因缘，没有安住当下。内心一直在串习"我真命苦""为什么要我做这些事情"等负面情绪，只会越来越深地陷入烦恼的泥潭。要转一种心态去面对，接纳现状，全心成长。污泥能令莲花更光华，磨砺能使钻石更闪耀。

与父母有不同甚至相左的意见，不一定非此即彼

问：师父，我想去读书，但父母觉得家里人丁少，要我留在家里。我该怎么做？

学诚法师：好好与父母沟通，先耐心倾听他们的想法，让他们一吐为快，不要着急表达自己的意愿。很多"两难"之事，不要心存一下子能扭转的期待。不同甚至相左的意见，不一定非此即彼，应互相包容、理解，求同存异，共找出路。

什么是加持

问：师父，小时候妈妈总是严责我，做错事就骂我，我产生了敏感自卑的心理，遇事总看到最坏的结果。师父，是不是经常诵读经书就能得到加持，使我有积极乐观自信的想法？

学诚法师：所谓加持，佛菩萨的教诲是为"加"，自己用心忆念、实践是为"持"。简言之，就是照着佛法去思维，自然内心的负面想法就会渐渐扭转了。

母亲放不下对他人的怨恨怎么办

问：师父，请问如何面对一些我不认可的教诲？比如在生活中，我母亲对他人的怨恨无法消除，一边念佛号，一边对往事怒不可遏，并要求子女与其"统一战线"。我该怎么办？请法师指点。

学诚法师：体察母亲的心情，而不随顺她的烦恼。她真正需要的

是倾听、理解、支持、安全感，此时不能讲道理，否则会引发新的烦恼、矛盾。子女应耐心温和地陪伴，多听她说就好，给予她情绪上的抚慰。然后，再另找合适的时机从佛法上开导，最好是创造机会让她自己领悟，并及时对正向的想法加以鼓励。

作为儿子，如何调解婆媳关系

问：师父，作为儿子，如何调解婆媳关系？谢谢师父！

学诚法师：多倾听，少理论。看到双方的付出，理解她们的心情和感受，肯定她们的功劳或苦劳。然后，从容易改变的一方开始，教她学会代人着想。

作为子女，应该把报恩的思想放在第一位

问：大师，我很反感家里老人的行为举止。请问，如何做到不心生厌憎和烦恼？

学诚法师：人没有成佛，肯定都有烦恼、过错，由于业力、习气，可能很多老人的烦恼很重，但是作为子女，我们应该把报恩的思想放在第一位，多去想父母把自己抚养成人的恩德，这样就能包容父母的缺点；如果不是这样，我们会把过失放在第一位，忘记了报恩，

自己也会一直增长烦恼、恶业。

如果一味讲对错，没有了慈悲，那自己是对是错呢

问：顶礼师父！公婆对外孙非常爱护，一直想让他上好学校，于是在我生孩子的时候提出帮我带孩子，顺便将她外孙带来上学。我认为这是道德绑架，而且我与公婆教育孩子的观念相差较大，所以拒绝了，从此双方矛盾很大。请问法师，我该怎么做？

学诚法师：每个人都有缺点，也都有原因，命运与性格都是因缘和合的结果，不能用自己的标准去要求每一个人。如果一味讲对错，失去了慈悲，那自己是对是错？

你有没有为婆婆做过什么事

问：我们一家三口和婆婆同住。我和婆婆之间经常闹矛盾，我说的话她永远有理由反驳，时间久了我就很少或者不和她说话，但她还是会以各种理由找事。我想搬出去住，老公总以老人身体不好为理由表示反对，但这样在一起住，我的心里每天都是煎熬。请法师开示。

学诚法师：婆婆可能是有不对的地方，但反过来想想：自己有没有肯定过她、赞叹过她、感谢过她？有没有为她做过什么事（例如买

一些她爱吃的东西）？如果没有，试一试这样去做。

人总是要求别人怎么对自己，却很少要求自己怎样对别人

问：师父，因为我从小没有感受父母的教育，心里总发不起孝心，之前甚至总是抱怨他们只生不养，现在好些了。我该怎么做？请法师开示。南无阿弥陀佛。

学诚法师：我们总是要求别人怎么对自己，却很少要求自己怎样对别人。很多事情别人没有做到，那自己该做的事情呢？

真正的问题并不在别人身上，而在自己内心。如果自己内心消灭了贪嗔痴，增长了戒定慧，那么面对别人的问题，生起的就不是痛苦与委屈，而是慈悲。凡事多要求自己，少抱怨别人。互相指责，事情永远无法改变。

越是想得到爱和鼓励的人，表面上可能越强势

问：师父，我从小没有和父母生活在一起，比较缺少家庭的温暖和陪伴，更想得到父母的肯定和鼓励。但我很少能从他们那里得到相应的回应，反而总是被说这不好那不好。我知道这是他们想与我亲近、想找到话题而采取的方式，但被否定还是让我十分痛苦，第一念

很难控制，总忍不住发火，事后却悔恨难过。是我表现不够好吗？我该怎么办？求法师开示。

学诚法师：越是想得到爱和鼓励的人，表面上可能越强势，想要借外在来掩盖内心的怯弱和苦，或者用自己的冷漠和不在乎来保护自己。我们希望快乐，可是由于烦恼的存在，往往采取了错误的方法，走了相反的路。其实，把内心放松一些，不要那样急着证明自己，就能从点滴中感受到家人的爱。

让自己起烦恼的一个重要原因：很想证明自己是对的

问：老公和婆婆都是比较倔强的人，更确切地说是自己认为对的就是对的，认为错的就是错的，都不听别人的劝告，非要等到碰壁了才会回头，但仍不承认自己的错误，最后还要说我没有提醒他们。对于这一点，我有时候心里特别难受，感觉和他们在一起心里憋得慌。怎样才能让我不在意他们的所为？望师父指点。

学诚法师：让自己起烦恼的一个重要的点是，很想撇清自己的责任，证明自己是对的。对他人不听劝告而愤怒，更多是因为自己事前被忽视，事后被误解，想要维护自己而产生的。这样的思维，是因为我们随时随地在强调一个"我"，与他人对立、隔阂、比较，而没有把对方当成家人、朋友。

下雨，撑伞就好了，难道要记恨老天爷吗

问：师父您好！我跟妈妈、弟弟、弟妹一起生活，以前是我租房住，到期后弟弟又租的房。现在他们快入住新房了，弟妹无端发脾气，甚至把我赶了出来，妈妈一直偷偷地哭。我觉得既难过又丢人，心里总是想着她赶我走时的样子，觉得很恐怖。请问法师，该怎样释怀呢？

学诚法师：怨欲忘，恩欲报。每个人都有烦恼，如果我们去领纳每个人的烦恼，那自己就成了垃圾聚集地，只会越来越痛苦。不要把别人对不起自己的事放在心里，不要用别人的错误来惩罚自己，做好自己该做的事情，比如下雨，那撑伞就好了，不要去记恨老天爷。

"劝说"不如"多听"

问：顶礼法师！我大哥大嫂要离婚，大哥一直怨恨大嫂脾气暴躁易怒，而嫂子不愿意离婚，想好好过日子，大哥就是迈不过这个坎。怎么去劝说他们呢？

学诚法师：劝说别人，找准时机很重要。另外，"劝说"不一定要说很多话，多听、多陪伴，给予同情和尊重，很多时候当事人自己内心的答案就会浮现出来。

每个人都会老

问：法师，我家里有80多岁的老人，患有小脑萎缩，有时胡说八道，爱撒谎、爱唠叨，家里人都感到很烦恼，心中想放下却总是放不下。怎么办？

学诚法师：多去想他好的一面，想他对自己的恩德。每个人都有烦恼、习气，每个人也都会老，无论是从世间法还是佛法来说，家人都应该去帮助他，而不是当作负担。能够成为家人是缘，要结善缘，不要结恶缘。

去理解，去倾听，
与任何人沟通的前提，
都是心中不要有成见。

第七章

如何跟孩子
好好相处

对初生的孩子，师父有什么建议吗

问：昨天我小侄子出生了，家人正在为起名字查八字，师父有什么建议吗？

学诚法师： 若欲让孩子平安吉祥，莫过于从小教导他善恶因果之理。

如何建立良好的亲子关系

问：师父，如何建立良好的亲子关系？

学诚法师： 亲子关系，就犹如师徒关系，最要紧的是培养孩子对父母的信任。由于业缘很深，孩子大多对父母有着天然的信任，但许多父母在教育过程中常常破坏这种信任，结果孩子不愿听父母的话。在对待孩子时，父母要考虑到孩子在不同年龄阶段的特点，"因机而说"。

孩子处于叛逆期怎么办

问：孩子进入叛逆期，讲道理他不听，虽然不断提醒自己要冷静、心平气和，可是最后仍然会发火，很苦恼。请法师指教。

学诚法师：当自己做事被别人"讲道理"时，自己是一种什么样的心情和反应？

孩子成绩一路下滑该怎么办

问：顶礼师父！我的孩子上初二，以前一直很听话，学习成绩也很好，是家长和老师的骄傲。但是自今年以来，他的学习成绩一路下滑，怎么教育都不管用。作为母亲，我很着急，但是孩子却不急，一点儿都看不出他的担心，这样我反而更着急，常常半夜惊醒。请问师父，该怎么办？

学诚法师：变化往往会带来恐慌、失落，但没有什么事情是不变的，放下自己的执着去顺应变化、理解变化、应对变化，而不是拒绝变化。家长不要着急，给孩子足够的信心和空间，一定要有耐心。过分焦虑的情绪和严格管教只会加重孩子的负担，加深母子之间的隔阂。

面对厌学的孩子怎么办

问：大师好！面对初三厌学的孩子该怎么办？距离初升高只剩四个月了，她似乎一点也不着急，我没办法平静，对她不做要求。请大师开示！

学诚法师：她不着急，你着急有用吗？你试试看真正放下，不要求她，只关心她，会如何。反过来说，如果自己想要控制住心念都这么难，却希望孩子一夜之间转变，可能吗？

孩子不领家人的情怎么办

问：法师您好！请教您，父母领养了一个女孩，现已上高中了，很不听话，没心思学习，总做一些让父母操心的事，让我们非常头痛。我们说多了，她一点儿也不领情。请问如何是好？

学诚法师：多去倾听她的想法。

和孩子沟通的前提是心中一定不要有成见

问：法师，怎样跟一个比较贪玩、不太懂感恩、脾气急躁的十岁孩子沟通呢？

学诚法师：要看到他的长处，去理解他、倾听他。和任何人沟通的前提都是心中不要有成见。

沉浸在自己的烦恼中，

很难完全看清事实的真相，

向上走的每一步中受的苦都是资粮。

没有人会白白受苦

第八章

爱别离、求不得、怨憎会，人生总是会经历这些苦

问：法师好，自己想要的不出现，不想要的却出现。面对这样的苦，该如何处理？

学诚法师： 爱别离、求不得、怨憎会，人生总是会经历这些苦。绝大多数人的解决办法是在外境上努力，更加拼命地追求，或者更加激烈地排斥，认为只要外境改变了，苦就消失了。在外境上努力，可能改变一时的苦，但究竟的苦还是逃不掉，它们会换一个时空因缘，换一些人物面貌，再次出现。佛法告诉我们的是釜底抽薪之法，苦来源于贪嗔，贪嗔是因为有"我"，通过修行去认识"我"、放下"我"，苦就会减少。

每个人沉浸在自己的烦恼中时，都很难完全看清事实的真相

问：法师，我常常因为帮助最要好的朋友而被她埋怨，为此总是特别烦恼。朋友不想听我解释，我又不想和其他朋友一样，顺着她自

己骗自己。有时我能淡定，但是一想到她不识好人心就怪她，希望她过得不好。我应该怎么调整这种极端心态呢？请法师指点。

学诚法师：每个人沉浸在自己的烦恼或感觉中时，都很难完全看清事实的真相，所谓"当局者迷，旁观者清"，放到自己身上也是一样。所以不能去要求别人什么，更不要去怨怼和责怪，多理解、多陪伴、多倾听，这是一个朋友能给予的最大帮助。

师父，您会算命吗

问：师父，您会算命吗？我马上要考试了，帮我算算吧！

学诚法师：算得好，就不必努力了吗？算得不好，就不必努力了吗？

命如果算得准，那算命就没有意义了；如果算得不准，那算命也没有意义

问：法师您好，您对算命怎么看？如果父辈中有痴迷于这个结论的，会不会受到算命先生结论的暗示，让事情朝结论的方向发展？

学诚法师：命如果算得准，那算命就没有意义了；如果算得不准，

那算命也没有意义。在结局出现之前算出来了，照做还是不照做，都是矛盾。命运是存在的，它受到业力的左右，佛法教给我们的"转命之法"就是业果。很多人喜欢算命，有种种心态。有的人姑且一听，只信好的不信坏的，近似娱乐；有的人信不信都很矛盾，尤其是听到不好的，忧愁恐慌。不管算得准不准，自己都平添了无数心理负担，反而会促使恶业的成熟。"命运"的正确打开方式，不是漫无规律，也不是命中注定，而是业果法则。

向上走的每一步中受的苦都是资粮

问：法师，最近跟朋友聊天，特别羡慕朋友的生活，其物质和精神上的富足，是我缺乏的。我也知道羡慕并没有什么用，还会让内心产生一种自卑感，应该自己去努力。可自己努力很苦，很多悲伤都需要自己吞咽，应该怎么去调节这种心态呢？

学诚法师：你只看到别人得到了多少，却没看到他付出了多少。向上走的每一步中受的苦都是资粮。

人生真正的黑暗不是因为挫折，而是因为无明

问：师父，我在生活中遇到了挫折，感觉人生黑暗怎么办？怎么才能走出来？

学诚法师： 人生真正的黑暗不是因为挫折，而是因为无明。挫折是提醒，看看自己的"业"有什么地方不圆满，然后才知道该怎样去弥补和改善。

如果努力没有结果，那怎么符合天道酬勤的道理呢

问：法师，我真的很想知道一个人的成功也是因果所致吗？那是否有人努力一生也不会实现自己的理想了？如果努力没有结果，那也不符合天道酬勤的道理呀？我一直在纠结这个问题，希望得到您的开示！

学诚法师： 任何一个果都需要因缘和合才能呈现，若种下了苹果的种子，却期待得到梨的果实，那么任凭怎么努力也不可能；若种了因，但没有努力去营造相应的缘，也不能感果；种下了正确之因，又勤奋努力，那么定得果报。此外，因感果不一定是立竿见影的，不可急求果报。

如何改变命运

问：法师，要信命吗？怎样才能改变命运？

学诚法师： 当发现命运不如意，就要仔细反省自己性格中的缺点、行为上的过失，把这些改过来，命运就能改变。

当目标没有达到时，心情失落怎么办

问：大师，有时候我给自己一种无望的希望，可当目标没有达到时却又产生失落和自卑感，当这种情绪一直缠绕而影响接下来的行动时该怎么办呢？请您指点迷津。谢谢！

学诚法师：将目标定位于自己的成长，而不是外在的某个结果。

现实不尽如人意怎么办

问：现实不尽如人意，怎样说服自己去接受？

学诚法师：多想自己拥有的和能做的。

想得太多怎么办

问：学诚法师，我想得太多怎么办？越想越气，烦死了，觉都睡不好。恳请指点。

学诚法师：想得多不是问题所在，问题在于想的内容和方向是错的，才会越想越烦恼。要如理作意。

事情本身并不可怕，可怕的是认为"它是可怕的"

问：师父，事情本身并不可怕，可怕的是认为"它是可怕的"，并因此而背上负担，是这样吗？现在无论做什么事，违缘障碍都特别多。我该怎么办呢？

学诚法师：不是违缘障碍多，是资粮多，成长的机会多。

在境界中，多反省自己对人对事的不足之处。很多事，如果太执着于自己的想法，自我太强，就容易与其他人制造违缘，看这个不顺眼，那个也有问题，最后伤人伤己。要有成就别人的心、感恩别人的心，自己多帮助别人，自然就会有人来帮助自己。

因为无常，一切皆有变好的可能

问：您好法师！今年我的生意亏损，婚姻失败，女儿很久未联系……一切都鬼使神差地变了模样，觉得活得很失败。人前尽量平静，可是内心实在压抑，甚至想一了百了，从头来过。请法师指点迷津。

学诚法师：世事无常，兵家有胜败，商家有盈亏，夫妇有离合，万事万物本就没有固定不变的，这不是自己的"失败"，不必在执着的痛苦之上再加一层自责与懊恼。反过来说，因为无常，一切皆有变好的可能，人生永远是有希望的。放下内心种种的忧愁和自卑，好好面对每一个当下。未来不是看过去，而是看现在。

改变因缘，就能改变结果

问：顶礼师父！弟子从小就对自己没信心，在各个方面，不管做得好不好，始终如此。特别是现在，弟子已经失业好几个月了，更是越来越没信心。请问，应该怎么做才能树立自信心呢？

学诚法师：学习、做事，我们都不需要取悦别人，而是为自己负责。诸法无自性，成功是因为有成功的因缘，失败是因为有失败的因缘，只要我们去改变因缘，就能改变结果。相信自己会改变、会成长，而不是一直怀着负面的心退缩。

影响我们一生的不是失败，而是面对失败的心态

问：师父，我今年付出了很大努力，但考试还是失利了，这也许会导致我失去很多机遇，进而影响我的一生。我都不知道生活该怎样继续下去。怎么办？恳请法师开示。

学诚法师：影响我们一生的不是失败，而是面对失败的心态。无论走哪条路，都要有负责到底的勇气和决心。大到人的一生应该如何

过，小到生活中对每一件事情的选择，都与人的终极目标息息相关，人的目标又与价值观紧密相连。

所以，要常常静心思考：什么样的人生才是最有意义的？什么样的事情才是真正值得自己追求的？找到自己该走的路，一心一意地走。有的人总是变来变去，是因为他们没有明白自己真正想要什么。

未来的苹果，你想要什么样的

问：师父，人生在世总有不如意，该如何说服自己去面对和期望未来？

学诚法师：当你吃到一个苹果时，并不是你付钱从超市买回来这么简单的因果关系，这只是整个过程的最后一步。在很多年前，苹果的种子就种下去了，然后经过了发芽、生长、日照、雨淋，不知经过多少个日夜的慢慢生长，才能结果，经过采摘、运输、交易，最后到你的手里。这个苹果是酸，是甜，是什么品种，是很多因素决定的，种子的故事可以追溯到很久远之前。

我们的人生也如这个苹果一样，甜美还是苦涩，并不只是眼前这一刻造成的，也不单是某一个人、某一件事的原因，它是一个非常长远、复杂的过程，同时，绝不是一个最终的结果。我们现在的每一个心念、行为，都在种新的种子；我们的每一点努力，都在创造不同的条件。未来的苹果，你想要什么样的？

要警惕"跟着自己的心走"

问：师父，我有时总会做一些伤害别人的事，虽然结果对自己未必有利，但却是自己想做的。遇事该跟着自己的心走吗，应如何抉择？

学诚法师：跟着业果走，跟着智慧走。

要警惕"跟着自己的心走"，因为我们心里装着的绝大部分是烦恼。

怎么知道自己是不是慢心重

问：怎么知道自己是不是慢心重？

学诚法师：慢心重的人，喜欢观察别人的缺点，评论别人的过失；不容易与别人合作，处处想表现自己，得到别人的赞扬；不能采纳别人的意见，不能容忍比自己强的人。

"闻誉恐，闻过欣"

问：法师您好！我在工作上遇到一些问题，我已经反思自问，想积极应对，但被领导找单独谈话，施加压力。现在很不好受，肚子里有一堆埋怨的话。老公说我是一个受不了别人"批评"的人，只爱听"好话"，是这样吗？

学诚法师：受到批评后感到委屈，下意识地把问题推给外境，是我们无始以来自我保护这种习气的表现。普通人都是"闻过怒，闻誉乐"，因为我们执着，爱惜自己；要能够"闻誉恐，闻过欣"，我们才能在挫折中进步，在问题中成长。

怎么做才能增加福报

问：法师，怎么做才能增加福报呢？

学诚法师：存好心、说好话、做好事。想着更多的人，帮助更多的人。豁达、乐观、宽厚，不计较，不怕吃亏。不说人是非，不讥讽嘲笑，不怨天尤人，不轻浮卖弄。

人如果不知道别人对自己有恩，

不知道要去感恩，

那活着就会觉得很没有意思。

第九章

人性的弱点

人"直"好吗

问：师父，朋友、同事都说我这个人太直了。难道人直点、简单点不好吗？

学诚法师：有些单纯是无心机，有些单纯是没头脑；有些"直"是爽朗，有些"直"是不顾他人。表面上听起来没错，要分清楚自己是哪一种，不要美化自己的缺点。如果自己的"直"会让别人不舒服，或令自己没朋友，那就需要反省、改变。

同样一句话，理解为关心还是逼迫，感受是大不一样的

问：学诚法师，每逢过年，总有一堆人说："你快点结婚吧！"每当听到这些心里都很苦，而且在饭局上还要被迫喝酒，真的想哭。请法师开解。

学诚法师：换一种心态来面对。每个人、每件事都可以从不同的角度来看待，我们如果只从一个角度来看，就容易起烦恼，不知道怎么应对。同样一句话，理解为关心还是逼迫，感受是大不一样的。

智慧可以随机应变，随机应变却不等于智慧

问：师父，是不是做人要有随机应变的智慧和八面玲珑的情商？

学诚法师：智慧可以随机应变，随机应变却不等于智慧；慈悲可以随顺众生，八面玲珑却不等于慈悲。最关键的是做人做事要有正确的方向、善良的愿力。不管怎么变，都是为了调伏自我、利益众生，而不是为了满足一己私欲。

人如果不知道别人对自己有恩，不知道要去感恩，那活着就会觉得很没有意思

问：师父，如何从根本上解决不想醒来、不想面对明天这样的消极心理？如何让内心灵活、有力量？顶礼师父！

学诚法师：修感恩心，发慈悲心。人如果不知道别人对自己有恩，不知道要去感恩，那活着就会觉得很没有意思。

不要因为内心的反感而失去了成长的机会

问：大师，请问如果有人说话很刺耳，而且每天必须听，怎样对待才好呢？阿弥陀佛！

学诚法师：不要因为内心的反感而失去了成长的机会，抛开情绪，心平气和地听听他的话是否有道理。若他的确指出了自己所看不到的缺点，正好借此改正；若他的话不属实，正好忍辱消业。

不是别人说我们好才快乐，别人说一句不好就痛苦

问：师父，我总是太在意别人的想法，不知道该做怎样的自己，很难过。请法师提点。

学诚法师：自己快乐、痛苦只有自己真正知道，不是别人说我们好才快乐，别人说一句不好就痛苦。人过得好不好，在于是否认可自己生命的品质，是否具备有价值、有意义的生命信念。

多去想想他人的苦乐，许多烦恼都会不知不觉消失

问：师父，很多时候我太在乎别人对我的看法，而导致自己有时候不是很开心，很想解脱出来，可是总是没办法。该怎么办呢？

学诚法师： 越是在意这个 "我"，越是被烦恼束缚，所有的痛苦都是由贪着自身引起的。让自己的心胸更宽广一些，多去想想他人的苦乐，许多烦恼都会不知不觉消失。

被别人贴了 "标签"，自己就不要再贴了

问：法师，我被人误会了，心里很难受。怎么办呢？请您点拨。

学诚法师： 如果别人给自己贴了不真实的 "标签"，那么自己内心就不要再去贴上 "你误会我" 的标签了，如此重重无尽，误会只会越结越深。问心无愧，坦然面对就好。

自己不求，也不要看不起求的人

问：师父，我周围的同事每天都在为了评职称而拼搏，我自己对职称没兴趣，倒像很不上进似的。我只想好好提高教学水平，将来有因缘就去寺里念佛修行，可是为什么心里乱乱的？

学诚法师： 有时候，我们对佛法的信心很弱，就会担心自己不去争是不是吃亏了，是不是不上进了；有时候，我们又看不起周围的人，觉得他们争名夺利太庸俗，内心很排斥。这些都不是如理思维，都是烦恼。真正对佛法有信心，内心不会纠结、矛盾；自己不求，也不要看不起求的人。

少一点心去想"别人为什么会这个样子"，
多一点心去想"我应该要怎么做"

问：为什么工作后感觉最大的挑战是与人交往？好迷茫。

学诚法师：少一点心去想"别人为什么会这个样子"，多一点心去想"我应该要怎么做"，时时刻刻把对的、善的放在心上，凡事从自己出发，多要求自己，多感谢他人。

不要随随便便去揣测他人

问：师父，我为何总是猜测别人的想法？这让我很困惑。我总爱把事情想得很坏，然而每每有了结果，却常与我所想相反。我该如何摆脱猜想带来的痛苦？

学诚法师：在日常生活中，我们常常把自己所看到、了解到、感知到的小部分内容当成全部，去下结论，去衡量别人，等等。本来我们的认识就不全面，再加上烦恼与情绪，看待问题就更加偏颇了，全是妄想。这就需要去建立内心清明、正确的行相，先从认识自己的烦恼开始，不要随随便便去揣测他人。

"真心"是不怕被误解的

问：师父，真心对一个朋友好，却被他解读为我讨好他。感觉好累。

学诚法师："真心"是不怕被误解的，委屈的心就是"我执"的体现。反过来，当自己再面对那些对自己好的朋友时，一定不要轻视，要懂得理解对方的心，以感恩和真诚回报。

看到别人做得不好，要反省自己是否也做得不好：不要拿自己的优点去比别人的缺点

问：顶礼法师！有一点我始终不通达。听您教诲，理解常观他人之过其实是自己之失，但当看到同学懒惰不思进取，下属对自己要求不高，我总会在心中生起怒火，恨不得强制他们改正错误。如何在这一点上修炼平和？

学诚法师：我们观过时，有时是自己也做得不好，却看到别人的不好；有时是自己能够做好，不能忍受别人做得不好。前者是缺少反省，后者是拿自己的优点去比别人的缺点。当对自己的缺点看得清楚明白，无法忍耐时，对他人的怒火就不容易生起来；当自己经历过改变与成长的不易，就会有耐心去对待别人。

如何对待自私的人

问：师父，请教一事。弟子一同事因怕吹空调，所以把遥控器放到自己身边，当有人让她开空调时，她却置若罔闻。弟子对此生起嗔心，想另配个遥控器，又恐激化矛盾。请教师父，该如何处理？

学诚法师：要体谅对方的苦，可以好言商量，或者调换座位，让她坐到离出风口比较远的地方，或者给她送一条披肩防风保暖。总之，需要互相体谅，先理解对方，才能赢得对方的理解，若双方都强调自己的需求，就容易对立，激化矛盾。

看不起一些人怎么办

问：请问法师，如何让自己尊重别人？有时候会看不起一些人，怎么办？

学诚法师：当你被人看不起的时候，是什么心情？己所不欲，勿施于人，当发现自己看轻别人时，要这样换位去想一想。此外，容易看不起别人的人，要刻意去看他人的优点。如果发现自己都想不起身边的人有什么优点，那就说明自己的"慢心病"很重，得治。

慢心是一种错觉，既不如实了知自己，也没有如实了知别人，只是内心构建出一个"自己"的形象，与自己幻想的"他人"比较而产生的一种烦恼。这恰恰证明了自己的无知，是自己看不到他人的长处，不代表别人没有超过自己的地方。当发现自己起慢心的时候，好好反观内省，看清念头，辨明妄想。

把别人之得当作自己之失，这就是人心的毛病

问：为什么爱嫉妒别人？请法师开示。

学诚法师： 嫉妒，很大一个原因是把别人之得当作自己之失，这就是人心的毛病。其实，每个人都有自己的路要走，没有什么可比性；真正要比，是要看别人有哪些好处值得自己去学习。

面对别人的指责和批评，
如果内心觉得"不是那样的"怎么办

问：感恩顶礼师父！请问，面对别人的指责和批评，如果内心觉得"不是那样的"，是不是不该反驳？虽然知道这是一种我执，但是仍担心身边的人对自己多次误解后，造成他对我的积怨越来越深，自己和他人恐怕难再结善缘。祈请师父开示！

学诚法师： 先不要着急辩解，冷静地把他的话都听进去，从中寻找自己的盲区和漏洞，力争改进。他人的指责和批评，不管有没有道

理，在我们听来往往都是偏颇的、错误的，这恰恰是因为我们很难发现自己的问题——人不会故意去做自己以为错的事。消解积怨，正是要靠自己放下执着，努力改变。

为什么"总想做好，却感觉在讨好"

问：大师，经常执着于周围人的看法让我感觉很累，总想做好，却感觉在讨好。求教。

学诚法师：外在的意见要听取，但不能完全受制于此。听取意见是为了把事情做得更好，而不是追求他人的肯定，不要混淆了目标与方法。

对人真诚也要考虑别人的需求

问：朋友说我做事没原则，掌握不好度，一碗水灌满，爱管闲事……但我认为对人真诚最好，喜欢就是喜欢，能帮助就帮助，但事情却相反，他们认为这是我强加给别人的好。事情究竟要怎么处理呢？我也很苦恼。请法师开示。

学诚法师：对人真诚也要考虑别人的需求。

自信不能变成自满

问：我一直想克服不自信的缺点，可是现在却发现有的人太自信了，甚至会去干扰他人。请问师父，自信是不是也需要适度呢？

学诚法师：自信不能变成自满，"满"就是到头了，没有什么可以学习的东西了，只有自己最好、最对，别人都不如自己。自信是相信自己有学习、成长的能力，不惧每一次挑战和失败，而非和别人比较而产生的骄傲。

当你觉得人人都比自己差时，那就很危险了

问：学诚法师，您好。工作上我很努力，但总得不到领导的认可，说我工作没有达到他预期的目标。我是应届毕业生，唯一一个公开招聘进入单位的，面对其他同事会有自卑感，尤其是在汇报材料时，经常表达不清楚，领导总表示他听不懂我在说什么。恳请法师解答弟子的困惑。阿弥陀佛，感恩。

学诚法师：刚刚进入单位，需要学习的还很多。不要自卑，向身边的同事好好学习。来到一个人人都比自己强的环境，实在是莫大的幸运。当你觉得人人都比自己差时，那就很危险了。

做好自己，就无畏外在的评价

问：师父，我常常受到诽谤，但我选择了对那些小人忍让，可是谎话说多了，别人也会相信，以致影响到别人对我的印象。我想不通，该怎么办？

学诚法师：要反省自己是否也曾有意无意说人是非、传播是非，令他人之间产生误解。一个人能够让大家信任，不是因为夸奖他的人多，而是自身的言行值得别人信赖；反过来，一个人若不受欢迎，也不是因为批评他的人多，而是自己的行为确实需要改善。做好自己，就无畏外在的评价。

怎样面对别人的批评：如蜂采蜜，只取其蜜

问：面对别人的批评，怎样才不会觉得委屈呢？虽然对方批评得对，但态度太令人伤心，我心里很难受，不知道该怎么办。

学诚法师：如蜂采蜜，只取其蜜。如果真心把自己的成长放在首位，那么听到别人指出自己的问题就会如获至宝，闻过则喜，因为这是真正有价值的，正是自己想要的。而因为别人的态度耿耿于怀，还是在意自己的面子，保护自己的我执罢了，都是自己的妄想和执着。

各人造业各人了，各人吃饭各人饱

问：学诚大师，有些人故意做出一些损人不利己的事，而他们往往道貌岸然，我心里不是滋味。怎样做心里会好受一些？

学诚法师：不要让"别人做了什么"成为影响自己最大的因素，要多想想"自己该做什么"，把心放到管理自己的行为上来。各人造业各人了，各人吃饭各人饱，也只有先把握自己的业，才能去帮助别人。

如果不期待他人积极的评价，
也就不会对消极的评价耿耿于怀

问：有时耳边传来他人对我的一些闲言碎语，内心十分消沉，不想与其辩解。请问大师，此时应如何释怀？

学诚法师：别人口中的自己，不等于真正的自己。如果不期待他人积极的评价，也就不会对消极的评价耿耿于怀。

做智者所喜，让业果来回答

问：学诚法师，我感到自己再怎么努力都得不到别人的尊重和敬佩，他们只会嘲笑过去的我。为什么有些人不能肯定现在的我，总是拿现在的我和过去的我相比，只是说我励志却不肯定我本身？弟子该怎么办？

学诚法师：那只是某些人的看法，不能代表真理，何必挂怀？做智者所喜，让业果来回答。各人造业，自有因果；清者自清，浊者自浊。检点自己的身、语、意，是不是有做得不好的地方，如炫耀、强势等，有则改之，无则加勉。

即使狮子被人说成是狗，也不会真的变成狗

问：我被人误解，又不想解释，心里不好受。请法师开示。

学诚法师：被人误解时，不要把他人的看法"当真"，即使狮子被人说成是狗，也不会真的变成狗，我们却很在意他人所说的话，所以会难受。同时，也不要把"我受委屈"的念头当真，越觉得自己受委屈，越委屈；反过来，要去想这些都是正常的，因为别人又不是你，怎么会完全理解你呢？

别人怎么能"贬损"到自己呢

问：师父，有些同事很爱开我的玩笑，损我，让我不舒服，所以我不想跟他们在一起，他们叫我我都不想参加他们的活动。我该怎么办？请法师开示。

学诚法师： 别人怎么能"贬损"到自己呢？他人的话只是一个音节罢了，从说出口的瞬间就消失在空气中了，如果自己没有听到，那么就跟没有发生过一样。自己"不舒服"，是因为顺着别人的概念去理解、接受、想象，把这些语句当作了真实的境界，其实根本不是如此。

别人说你是世界上最好的人，你就是世界上最好的人吗

问：顶礼法师！因为周围人的眼光与态度，常感觉自己受到了污辱、轻视，感到生气与痛苦。怎么办呢？

学诚法师： 别人说你没用，你就真的没用吗？别人说你是世界上最好的人，你就是世界上最好的人吗？我们往往听到别人的什么话就当真，受到夸奖就沾沾自喜，受到轻视就郁闷难当，都是活在一种概念中，自己没有清醒的认识，被外境牵得团团转。外境是一回事，我们内心如何看待、对待是另一回事。

什么话是对自己有用的话

问：大师，什么是对自己有用的话？我一直难以分辨，觉得什么都一样，也就不论有用没用一说。这样有时候很轻松，有时候会痛苦。请法师点拨。

学诚法师：能够让自己得到启发、得到力量、得到解脱、看到希望的话。

性格有点"尿"怎么办

问：师父，如何让自己有勇气？我觉得自己的性格有点"尿"，总是怕这怕那的。

学诚法师：当你对知识掌握得很牢固，就不怕考试；当你坚定自己的信念，就不怕别人议论；当你对业果有信心，就不怕别人伤害；当你有了智慧，就不会再有无明的妄想与恐惧。

问心无愧，就是"完美"

问：法师，佛法是如何看待"完美"和"缺陷"的？我买东西，总觉得这有点瑕疵，那有条划痕，买了纠结，不买又后悔；或者对人对事瞻前顾后，错过了很多本来该有的机会。如何才能改善？

学诚法师：贪心重，总幻想还有更好的因缘，不肯接受当下。人如果总是排斥现在的因缘，总觉得自己没有遇到更好的，那就会永远生活在遗憾和悔恨之中：现在总是不满足，就会遗憾；错失了现在，将来又会悔恨。完美不是外在的，自己能把握好当下，问心无愧，让将来不为现在后悔，就是"完美"了。

为什么懂得很多大道理，却依然过不好这一生

问：顶礼师父！我有个困惑，为什么懂得很多大道理，却依然过不好这一生？

学诚法师：因为道理是道理，自己是自己。所谓"懂得"的道理，是别人总结出来，自己听懂的，这跟自己思维得到的、在生活中运用的是两回事。

听了很多道理，却从未真正纳入心灵，犹如病者空负药囊，却从未吃药一样。

听了许多道理，只要有一句能终生行持，就能真正改变生命

问：师父，我心里总是很烦躁，大脑总是想太多，静不下心来，每次给自己灌心灵鸡汤，好了一点又重蹈覆辙，觉得好累。我真的好想像别人一样用心做一件事，该学习就用心学，该玩就玩个痛快。求赐教。

学诚法师： 听了许多道理，只要有一句能终生行持，那就能够真正改变生命。若听闻的道理不能落实在自己身心上面，都变成了妄想堆在自己心里，就犹如吃了很多东西却不能消化一样，不仅不能成为身体的营养，反而会成为沉重的包袱。

怎样培养专注力

问：师父，我做事情的时候总是无法集中精力。该怎样培养专注力呢？

学诚法师： 培养专注力，从短时间开始。譬如把一段时间分为若干个两分钟，每次尽量保持两分钟的专注。

人心和电脑一样，要时常去清扫

问：大师，我心中装了太多事，感觉过得太累。怎么办？

学诚法师：电脑用久了，垃圾太多了，运转就慢了，需要常常去清理。人心也是一样，要时常去清扫，把那些负面的情绪清空，装入并保留清净、美好、积极的东西。

好的东西才需要珍惜，痛苦的事为什么总是不放下

问：法师，我有一事绝不可再行，可不做这件事让我心里痛苦万分。我想看开却总是想起，过得难受极了。可否请法师开示一二，让我早断执念，回归正途？阿弥陀佛。

学诚法师：执着，为自己的心画了一个牢笼，其实何尝有这个牢笼呢？好的东西才需要珍惜，痛苦的事为什么总是不放下？

良好的沟通，
并非要承认对方所说的一切都是正确的，
而是首先在心态上去理解、尊重、接纳。

第十章

沟通的真谛

总是希望别人理解自己，
就很少将心思放在去理解别人上

问：新工作很轻松，可是看起来简单的人际关系，我处理起来却烦恼重重，说不出来哪里有问题，就是想到别人不喜欢自己就不开心。请法师开示。

学诚法师：自己要用心去了解别人、对待别人，而不是要求他人来理解自己、喜欢自己。如果一个人总是希望别人理解自己，就很少将心思放在去理解别人上。

"天生胆小"怎么办

问：法师您好！我天生胆小，做什么都上不了台面，跟人交流也是低头细语，半天说不出一句话。要是需要跟领导沟通，或者是需要联系多人的事情，自己每次都是一拖再拖。很想改变这种状况，可是最后都不敢去做，总是以失败告终。请法师开示。

学诚法师："天生的胆小"也是无自性的，不要认为它不可改变。

从现在开始突破自己，种改变的因，哪怕主动给人打一个电话、发一条信息，都是进步。

沟通，就是听与说的能力，首先要学会听

问：师父，我不善于跟别人沟通，很多时候误解别人，也被别人误解。许多矛盾、痛苦、烦恼都是因为沟通有障碍造成的。怎么样才能提高与人沟通的能力呢？

学诚法师：沟通，就是听与说的能力。首先要学会听，放下自己的成见去听，不了解就多问，对什么事情不要乱猜，不要认为自己的理解一定就是对的；说话的目的，是让别人了解自己的看法，而不是把自己的观点强加于人。

沟通，不是去说服别人，而是去了解别人

问：师父，如果有人自甘堕落，对行善表现得非常不屑甚至不相信，是不是在他没改变之前就无法度他？到底应该怎么跟这样的人沟通交流才有效果呢？

学诚法师：不是对方不相信，而是我们做得还不够好。沟通，不是去说服别人，而是去了解别人。

沟通，是说对方能听懂的话，而不是说自己想说的话

问：师父，用分别心去帮助别人，与佛说的菩提心是否相违背？有的人有困难，我不帮看不过去，帮了对方后，好心却得不到好报，郁闷，怎么办？

学诚法师：你要先明白什么是分别心，什么是菩提心，什么是智慧，什么是慈悲，什么是好心，什么是好报，就能知道答案了。沟通能力不足，要从用心上下功夫，放下自己心中太强盛的自我表达的想法，多去关注别人需要什么，将心比心，代人着想。沟通，是说对方能听懂的话，而不是说自己想说的话。

良好的沟通，并非要承认对方所说的一切都是正确的

问：师父您好！我接触佛学已两年多，内心比以前平静，但父母认为信仰佛教是逃避现实。我从小叛逆，家人总觉得为我好，说我强调真实的个性、理想，适合在国外，而在国内就必须接受现实，适应规律。凡事我都必须顺从他们，因为只有家长无条件爱孩子，否则他们就认为我不对。沟通总是演变成争吵和冷战。请师父开示，谢谢。

学诚法师：良好的沟通，并非要承认对方所说的一切都是正确的，而是首先从心态上去理解、尊重、接纳。与父母沟通，前提是对父母的感恩和接纳，在事情上可以有分歧，但不能因为看法的不同而否定对方。做到这一点，沟通才不会变成彼此说气话、发泄情绪。

不批评，不挖苦，不找人麻烦

问：师父，怎么与人沟通交流？怎么让人欢喜而不烦恼？和别人在一起时间长了就反感对方，怎么办？请指点迷津。

学诚法师：放低自己，多代人着想。与人沟通，不是去说服别人，而是去了解别人。对人不批评，不挖苦，不找人麻烦；要多观功，多随喜，多乐于助人。

如何培养表达能力

问：师父，如何克服自己一上台讲话就紧张、害怕的心理？如何培养表达能力，使自己清晰又富有逻辑地表达出心中的想法？阿弥陀佛。

学诚法师：在大众前发言紧张，是我执的一个表现，因为内心非常执着于自己的表现，害怕出丑，期待肯定。解决问题的根本是转化对自己的在意，把注意力放在要讲的内容上，想一想这些内容会对听众有什么帮助。在技巧上，用文字做好提纲是个不错的办法。此外，还要多承担大众事务，能有更多机会对境练习。

要"跟人说人话，跟鬼说鬼话"吗

问：师父，请教您一个问题，身边很多人都和我讲，"要跟人说人话，跟鬼说鬼话"，这句话我不知道该怎么理解。我在说话的时候愿意把自己所知道的跟人分享，这是不是真的做到了真诚以待呢？

学诚法师：要了解对方需要什么，能够接受什么。真诚，不是只考虑自己单方面的意愿。

帮朋友，不要说教太多，要好好倾听和关怀

问：顶礼师父！一个好朋友最近遇到一些人生的坎坷，状态很不好。我想拉拔他上山亲近三宝，可是说得太多，反而怕他抵触，不说，我又不忍心看着他难受。我之前也经历过类似的事情，后来是佛法把我救了出来，现在他遇此境界，真的好想帮他。我该怎么做呢？恳请法师开示！

学诚法师：不要说教太多，要好好倾听和关怀。

什么是对朋友最好的安慰

问：请教法师，最近朋友的先生过世了，因为没留下任何遗言，朋友很伤心，我不知道用什么样的话安慰朋友，请指点迷津。

学诚法师： 如果找不到合适的语言来安慰，那么，耐心地倾听和陪伴就是最好的安慰。

"倾听"，才是真正的"沟通"

问：顶礼师父！如果要去面对一个极难沟通的人，请问该怎么做？

学诚法师： 如果你的意图是想"说服"对方，那就是"极难"的；如果你做好准备去"倾听"对方，才是真正的"沟通"。

倾听本身就是在帮助别人

问：师父，有个朋友找我聊他工作和感情上的烦恼，我想劝他念佛，但他不信因果，我不知道怎么安慰他，感觉自己智慧欠缺。请师父开示，我该怎么帮助朋友？

学诚法师： 我们能够耐心陪着朋友，倾听他的烦恼，软言宽慰，调整他的情绪，本身就是在帮他，这也是一种"无畏布施"。

很多时候，聆听比讲说更受欢迎

问：在社交场合不知道和别人聊点什么，基本上在聆听，但我觉得这样显得很不合群。请师父开示该如何改进。

学诚法师：很多时候，聆听比讲说更受欢迎！

一切等待时间来平息

问：阿弥陀佛，感恩法师！请问，如果别人因为我们的平静而越发生气，我们该如何平息他们心中的怒火呢？

学诚法师：等待时间来平息。在平时的相处中，要多表达关心和善意，慢慢改善业缘。

自己的习气和问题，身边的人往往能够看得比较准

问：师父，我觉得和他人交流有障碍，也因此失去了很多朋友，包括家人。如何解决？

学诚法师：要去反思问题的根源在哪里，平心静气地听听别人的意见会对自己很有帮助。自己的习气和问题，身边的人往往能够看得比较准。

对一个人的过去应该保持怎样的态度

问：师父，所谓"放下过去，不在乎过去"，可是过去能反映一个人的品性、心性，并可以由此推测出他以后为人处世的态度，那么我们到底应该对一个人的过去保持怎样的态度呢？请法师开示。

学诚法师：既要了解他的过去，也要观察他的现在。只有我们自己的内心不执着，才能比较智慧地认识一个人，乃至帮助他。否则，我们往往会被内心的偏见、误解、怀疑引导，以为在保护自己，却是不断伤害自他。

不要总想别人为什么不理解自己，
多去想想自己是否理解别人

问：一直在想，我是不是过得太一板一眼，太较真了，常常为了别人的错误而生闷气，不知道怎么说"不"，以致自己总是不开心。虽然很多道理我也懂，但很多时候就是做不到。求解。

学诚法师：不要总想别人为什么不理解自己，多去想想自己是否理解别人。

如何对待做错事又不自知的人

问：师父，同事总是做错事，好意提醒却被她当成讽刺，最后竟然把责任都推到我的身上。曾经想过耍小手段陷害她，但转念又想自己是佛弟子，没能生起慈悲心就算了，怎能起害人之心？请问法师，我应该怎么对待她？

学诚法师："见贤思齐焉，见不贤而内自省也。"把别人做得不对的地方当作佛菩萨的示现，把错误放大给自己看，警策自己不可犯同样的过失。听不进批评、推卸责任，这些都是人常犯的毛病，自己身上或许不明显，但并不代表没有，把同事当作镜子警诫于心，时常反省。

喜欢炫耀是恶业吗

问：请问喜欢炫耀是恶业吗？为什么很多人都有喜欢炫耀的行为？炫耀对人有好处吗？炫耀自己的长处与分享自己的优点，有什么相同和不同的地方？应该如何进行取舍？如何正确认识这两种情况？请法师开示。

学诚法师：炫耀的背后是求名之心、虚荣心、傲慢心，这些心是有问题的，会给自己带来许多烦恼与痛苦。一般人要多观察、赞叹别人的优点，不要分享自己的优点。

如何对待爱自我炫耀的人

问：法师，有个同事天天逼着大家听她儿子的故事，看她儿子的照片、视频，七年了。最近她瘦了，天天问大家她美不美、瘦不瘦。她渴求有不尽的称赞。我想说："烦死了，别问了！你儿子可爱聪明，你美丽苗条。可你到底要问多少遍？"于是我也执了。怎么破？

学诚法师：微笑不语。

听别人的话不能无原则

问：尊敬的法师，我举家搬到一个新的环境，遇到一个私心较重的年轻上司，他经常违背公司的原则让我去执行一些事情，以致我将大量时间都浪费在这些无意义又存在很多隐患的事情上，可身在职场，不执行就是不听领导安排。我比较困惑，不知如何选择。求教。

学诚法师：听别人的话不能无原则。

说得对的接受，说得不对的不理会就行

问：师父，阿弥陀佛。最近对一个师兄严重观过，开始的时候，我对他指出的缺点能够很开心地接受，后来次数多了，就有点"法雨

不入"，觉得他说得不全对。再后来，就觉得他"怎么总拿法镜来照我，我真的这么差吗"，导致自己烦恼丛生，对自己也越来越没有信心。请问，这种时刻弟子该如何用心呢？

学诚法师：对方说得对的接受，说得不对的不理会就行，有则改之，无则加勉。我们常常会去挑对方的错，抓住他的错误和缺点不放，证明"他也有一堆毛病，还来说我"，以此平衡内心，或者想"他是在法镜外照，修错了"等等。其实这都是自己内心狡猾的烦恼在找借口。要不断成长，就必须学会面对批评。

说话总是不经意得罪人怎么办

问：师父，我总是控制不好自己的情绪，有时候直接就讲出了自己先入为主的片面意见，伤到人怎么办？请点拨。

学诚法师：少说多听。

别人对自己说"闲言碎语"怎么办

问：法师好！对于别人的"闲言碎语"，背后说人是非，您怎么看？

学诚法师：装聋作哑，风平浪静。对方恶口，只有自己去领纳了，才会真正伤害到自己，譬如一个人用你听不懂的语言辱骂，即使听到也只是"某种声音"而已，不会引发嗔火。

他人的烦恼我们不去领纳，就伤害不了自己。不要把别人的话与自己结合起来想，多注重自己的念头，做自己该做的事。有人赞叹、夸奖而不骄傲，有人诋毁、讥讽而不嗔恨，这些境界就过去了，否则就是把外在的垃圾搬到自己心里。

当听到令人伤心、不满意的话时怎么办

问：弟子迷惑，既然在逆境中能成长，当听到令人伤心、不满意的话时，如果不去理解领纳它，那怎么向别人学习？那样不是成了固执己见吗？阿弥陀佛，感恩师父！

学诚法师：有时候，有人带着嗔心用语言来伤害他人，其一，不必把对方的言语当成真实的；其二，德量自隐忍中大。

如何对待"小人"

问：师父，请问如何对待那些在你落魄的时候离你远远的，不仅不帮助还落井下石，但是现在看到你有钱有权了又来讨好的虚伪的人？

学诚法师：如果自己落魄时求人帮忙，发达时横眉冷对，那不也是两副嘴脸吗？人们多是从自己的角度出发来看待问题，当自己有需要时去找人帮忙，不需要时又希望不要有人来打扰，都是没有完整认识这个缘起世界中自己和他人的关系，所以大多数人都在猜忌、冷漠、互相伤害中度过一生。其实，他们都是不懂得如何得到幸福的苦命人，自欺欺人被人欺，实可怜悯！如果我们修学佛法，就应该学会重视、珍惜、善待身边的缘，自己在低谷时受人之恩不忘报答，自己有能力时尽力帮助他人，这才是有智慧的做法。

宽容是不讲原则、软弱可欺吗

问：师父，宽容对方被视为软弱可欺，致使对方更加得寸进尺。该怎么办呢？

学诚法师：可以采用合法合理的手段规避伤害，关键是自己内心如何面对。如果心中非常在意，耿耿于怀，那就是领纳了对方的恶意；如果当作清偿宿债，过眼云烟，那就不会挂怀于心。前者是真正的受伤，后者是真正的宽容。譬如两个小孩，或相争于玩具，或不让于言辞，甚至打斗起来，对于他们彼此，便是在互相伤害。若一个大人与一个小孩相处，大人不会与孩子争抢玩具，也不会在意他的冲撞。面对孩子的无礼，大人想的是如何帮助他改正。这样的心态，就是宽容。真正能忍辱，是内心强大的表现。相反，感到委屈、愤怒，正是因为内心不够强大。学佛，是让我们学习佛陀为人处世的方法，改变惯常的思维习惯，才能够收获不同的人生。

面对他人的责难，自己内心怎样看待非常重要。把它当成"为难"，就会对立、嗔恨；把它当作帮助自己进步的机会，就会冷静、平和。

"不见他人过"

问：顶礼尊敬的师父！请问，能否开示一下"不见他人过"？其中是否包含不让他人的言行对自己造成影响的意思呢？

学诚法师：见到他人的过失，内心产生的是自省与慈悲，而不是排斥与嗔恨。

如果觉得人人都虚伪怎么办

问：我觉得现在人人都比较虚伪，怎么办？

学诚法师：如果你觉得"每一位"朋友都虚伪，那就要好好反省一下自己的交友之道了。多去看别人的优点，反省自己的不足。

没有让人信服的德行与深厚的业缘，
指出别人的问题只会惹人反感

问：师父，我常常在面对他人的时候，一下子就能感受到他们身上存在的问题。看到他们因此痛苦、烦恼而不自知，我往往会指出问题所在，可是几乎所有人都不接纳，之后我就不想再见他们了，渐渐被孤立了。师父，我该怎么办？

学诚法师：每个人看别人的问题都是很到位的，这不算智慧；心里怀着"指导你"和"你怎么不知好歹"的心态，也远非慈悲。没有让人信服的德行与深厚的业缘，指出别人的问题只会惹人反感，而不能帮人改变。多看看自己的问题吧！

为什么他人的言语并不能伤害自己

问：向法师请教。早上同办公室那个怀孕的姐姐说的话让我觉得自己是东郭先生。因为她三十多岁才怀孕，我很照顾她。不为别的，只为良心。但是，她的话让我伤心且愤怒。我知道"火烧功德林"的道理，但是不知道该怎么面对自己不会遏止的怒火。请法师指点迷津。阿弥陀佛。

学诚法师：别人言语的冒犯，如果是无意的，不需要计较；如果是有意的，更不需要领纳。他人的言语并不能伤害自己，伤害自己的是内心对这些话的领纳、解读、回忆乃至联想、放大，是自己的心把一个个外在的音节组合成一柄利剑，并刺伤自己。如果自己不在意，不入心，就不会受伤害。

活在世上最有价值的事情之一，就是改过

问：学诚法师，非常抱歉打扰您了，我想请教您一个问题。因为我粗心，已经被两家公司炒了，现在也是因为粗心在第三家公司做不下去了。像我这种做事粗心大意，脾气暴躁，又疑神疑鬼的人，对父母又不尊敬，有什么资格活在这个世上？

学诚法师：活在世上最有价值的事情之一，就是改过，让自己的生命一天比一天进步。"见己不是，万善之门"，认识到自己的错，决心悔改，是无比强大的力量。从一个微笑、一句问候开始，慢慢把内心美好的一面启发出来。

永远只面对当下一件事

问：法师好！每天我的事情太多，感觉很累，我不断给自己鼓劲加油，可还是感到疲惫。我该怎么做才能让自己精力充沛呢？谢谢法师！

学诚法师：心里不要怕累，越觉得累，越怕累，就越累。做完一件事就放下一件事，永远只面对当下一件事。

心念是身体的重要"食物"

问：法师，我是一名医生，看起来很高尚，然而我很讨厌这份工作。没有节假日，还要值夜班。我感觉累，挣钱还少，身体越来越差，结婚好几年也不敢要孩子。法师，我该怎么办？

学诚法师：繁忙的工作需要适当调节，但最重要的是，要改变自己这种厌恶的心态。心念也是身体的重要"食物"，积极、欢喜的心，能给身体提供能量；消极和充满反感的心，却犹如腐败的食物，会损害身体的健康。任何一个职业，都有它的意义和价值，这才是我们工作最主要的目的，其次才是休息时间够不够、赚钱多不多等。现在很多人却把后者当成了自己工作的主要衡量指标，忘记了最关键的部分，所以活得越来越不快乐。每一个热爱工作、能够从工作中获取成就感的人，都真正把前者放在了第一位。工作的意义和价值与我们生命的意义和价值紧密相关，每个人的人生价值都是通过自己的工作创造的。如果把工作当作对立面，其实就是在否定和降低自己的人生价值，人也就活得很没有味道，没有乐趣。

如何让心拥有"沙里淘金"的本领

问：法师，我的大部分记忆都是别人对自己的不好，快乐的回忆也有，但是能回忆起来的很少，怎么办呀？很苦恼。

学诚法师：这就说明自己对事情的认识、选择和保留出了问题，或者说缺乏感恩的能力，有专看过失、心怀嫌恨的习惯。

其实，这是很多人都有的一个毛病，就好比一块破布，放在沙堆上，沾上的只有沙粒。我们要学习"沙里淘金"的本领，即使在沙堆中也要去找金子，让内心留存的都是"金子"，这样自己才会"富有"起来。平时要留意去观察和回忆他人的长处、好处，慢慢让心里的"沙子"被"金子"取代。

每天要做一门功课：说一说今天又看到了谁的一个优点，看到了自己或别人做的好事。看到的、记住的越多，内心就越快乐。

担心在创业中与合作者发生不愉快，怎么办

问：我马上要跟两个最好的朋友一起创业了，有点担心以后跟他们在创业的过程中发生什么不愉快，怎么办？

学诚法师：多倾听、理解，代人着想，不忘宗旨。

为工作负责而指出问题没有错，但不必生气

问：因为工作上的原则问题，我与同事发生了争执，我很生气，觉得他做事很不专业。我指出问题所在，因为我知道他这样做是不对的，他不愿意听。请问，我这种情绪属于负面情绪吗？该怎么保持好心态呢？

学诚法师：为工作负责而指出问题没有错，但不必生气。你能认识到这是自己的负面情绪，这很好，心中有这样的念头，烦恼就不会太炽盛。想要不生气，必须增强内心慈悲的力量，这就需要常常去训练这颗心：从学习知恩、念恩、感恩开始。

即使佛说的话，想抬杠也总能找出理由来

问：请问法师，人是否不能怀疑，对任何人和事都不能怀疑？不管什么人说任何事都全盘接受，确信无疑？恳请开示。

学诚法师：要去领会说法者的意趣，否则永远会纠缠在自己的妄想烦恼中，所说的话都是无意义的。即使佛说的话，想抬杠也总能找出理由来，因为佛法都是针对不同缘起的对治法。自己的发心先有问题了，看问题的角度也是片面和偏激的，这样再好的法对自己也没有帮助。

为了生计而不得不做现在的工作怎么办

问：顶礼师父！外境不允许我做自己喜欢做的事情，但为了生计而不得不做现在并不胜任的工作，进退两难，内心苦恼。该怎么办呢？

学诚法师： 喜欢与不喜欢，胜任与不胜任，都是会转变的。为生计而工作，也可以换个认识的角度，是在用自己的双手承担家庭的责任。外境不改变，内心可以改变，换一个角度去认识，问题就不再是问题了。

各人有各人的福报

问：感恩法师！俗话说："人在屋檐下，不得不低头。"尽管我很不舒服，但尽量心平气和。可事实上没那么容易，我内心还是难以接受被蔑视、被压制。遭受羞辱，是我罪有应得吗？我该换工作，跳出这一困境吗？为什么我坚持温良恭俭却不顺，别人蛮横霸道却升职？祈请师父开示！

学诚法师： 各人有各人的福报，我们痛苦的原因是内心的分别、比较、落差，进而对自己的行为产生怀疑。换工作只是逃避这个境界，并不是真正解开了内心的烦恼。俗话说"人比人，气死人"，一有比较，我们内心就会不平衡，种种烦恼都生起来了。勤心修福，要看自己的心，不要急求果报。

学着在不同意见中找到解决问题的出路

问：工作刚开始我总想努力完成，但当中间出现了和自己意见不相符的人和事时，就总是想破罐子破摔，爱咋地咋地吧！怎么办？

学诚法师：不光要学着做事，还要学会做人。学着包容和欣赏他人，学着站在他人的角度理解问题，学着放下自己的执着，学着在不同意见中找到解决问题的出路……卓越的人才就是这样培养出来的。

一切过程都是为了自己的成长

问：师父，我忍气吞声八个月，虚心跟别人学习，尽力揽下所有的工作，以为别人会记住我的好，但是他们却变本加厉。请法师开示。

学诚法师：转换自己的心态：一切过程都是为了自己的成长，不是为他人干活。

守愚守谦，常居学处

问：顶礼恩师！我很奇怪，明明是讨论问题，为什么对方会突然批评我自以为是？我知道自己有强势的毛病，还喜欢辩论，轻易不会让人胜过我。如何改这个毛病？难道要止语吗？请恩师开示。

学诚法师：守愚守谦，常居学处。

怎么正确控制自己的欲望：跟自己比，不要跟别人比

问：法师您好！我最近跳槽到一家新公司，工资翻倍了，但是看到别人工资比我高，心里还是不平衡。但是我也意识到了自己很多方面做得不好，应该先提升自己。怎么去坚持一心做自己，提升自己，抛开其他的杂念呢？

学诚法师：跟自己比，不要跟别人比。你只看到别人的工资比你高，有没有看到别人的资历、能力和付出呢？要比，就在这些方面比，目的是效学和进步，而不是在无需比较的地方比。

最佳的管理莫过于信仰
——让每个人都明白自己的意义所在

问：法师，您管理一个偌大的寺院，怎么做到让大家各司其职，不拖沓懒散，勤勉精进的呢？

学诚法师：最佳的管理莫过于信仰——让每个人都明白自己的意义所在。

把自己的工作当作行善助人的机会

问：大师好！我想请教一个问题。我是电话客服，每天需要接一百七八十个用户的咨询电话或投诉电话，要保持持之以恒的心态，太难了。请指教！

学诚法师：用户求帮助、有苦恼才会打电话。当自己遇到问题时也希望能尽快解决，对吗？把自己的工作当作行善助人的机会，而不是无奈应付的差事。每天能积累如此多的善行，是莫大的福气。

初入职场怎么尽快融入

问：顶礼师父！弟子刚刚毕业进入职场，最近公司组织培训，弟子发现自己似乎比较难以融入同事之中，常常不知道该说什么，或是说话做事显得非常笨拙。请问师父，有何办法让弟子更快更好地融入大家？

学诚法师：多观察身边每个人的优点，去赞美他；多感谢每一个帮助过你的人，感谢为大家服务、创造平台的同事。

越是挑剔、严厉的人，对我们的帮助越大

问：师父您好！弟子被调到新部门，非常忙，不好干，弟子尽全力，难以照顾家庭，仍不能达到领导的要求，几乎天天挨批评。领导似乎也有成见了，没有好脸色。作为定力不强的在家人，我尽量做到多赞美、少批评。但是，如果自己遇到那种苛刻的领导，经常批评自己，看不到任何善意，该怎么承受呢？这就是恶缘吗？我真的很难调心转念。请师父指导。

学诚法师：锋利的宝剑，都是在石头上磨出来的；越是挑剔、严厉的人，对我们的帮助越大。如果生活、工作中没有人批评我们，我们受不了一点委屈，才是真正可怕的事。不要把重心放在揣测他人的"恶意"和"成见"上，而要放在自我提升上，前者只会让自己增加厌恶与排斥，越这样想越是疲惫不堪。

当觉得自己遭受了不公平对待时怎么办

问：师父，我在生活中遇到了不公平的对待，是该据理力争还是淡然处之？弟子不善言辞，有理说不清。不争，心里又总是过不去这道坎，很是苦恼。请师父开示。

学诚法师："不公平对待"，是在自己的判断和比较之中成立的——自己认为自己应该得到何种对待，然而却没有得到，别人却得到了，这是站在自己的角度去看待问题而得出的结论。但有时候，我们看待问题是相当片面的，所了解到的信息也不完整，并常常高估自己的付出，与现实相撞，就会觉得失衡、愤懑。当觉得自己遭受了不公平对待时，不要第一时间怀疑主事者有私心，而应冷静下来，换位思考，好好反省自己的行为是不是有可改进之处，别人有什么值得学习之处，否则很容易带着烦恼去看待他人，做出错误的判断。

外在的伤害可能会带来"痛",

心里的伤害才会带来"苦"。

所以，痛苦与否的根本在于自己的心态。

第十一章

最好的菩萨是自己

佛氏门中，有求必应吗

问：法师好，"佛氏门中，有求必应"，那求而不得作何解？

学诚法师：佛菩萨的加持，不是帮助我们解决生活中的问题，而是帮助我们解决大事因缘，开、示、悟、入佛之知见。佛菩萨对众生的护佑并不是帮助我们得到理想的结果，而是指示业果之道。佛菩萨给予我们的回应，有时候并不是自己所期待的样子。凡夫往往只执着于自己想要的果相，而对真正的佛法珍宝视而不见。

"放下屠刀，立地成佛"中的"屠刀"是什么

问：法师好，为何好人成佛需要经历九九八十一难，而坏人只需要"放下屠刀"？

学诚法师：坏人"放下屠刀"，并不是放下手中之刀，而是心中的恶念。这与好人经历磨难的意义是完全相同的，都是净化心灵的过程。其实，好人、坏人的提法是很片面的，每个人都有善良的一面，也都有烦恼的一面，每个人要成佛，都要磨尽内心的染污，断除一切烦恼。

执着是好还是不好

问：法师好，请问执着是好还是不好呢？

学诚法师：执着之持不可无。人应该择善固执，心中有理想、信念，坚持善良，勇猛不退；执着之滞不可有。要放下患得患失之心，放下贪恋、嗔恨、骄慢之心。

骄傲与自信的不同点在哪里

问：师父，骄傲与自信的不同点在哪里？请指点迷津。

学诚法师：骄傲是慢心的表现，以己之长比人之短，眼睛向下看人。自信是平常心的外显，清楚自己的所长所短，顺境不扬，逆境不沉，以平等心待人。

一朵莲花，他人丢来的污泥只会令它更美丽

问：法师，您好！我是一名高中生。我最近遇到一个小人，我和她平时也会说说话，开开玩笑。昨天她对我另外一个要好的朋友说，她就是想故意挖苦我，讽刺我。她曾经很多次说过我的坏话。我上初

中时也遇到同样的情况，当时我都快被逼疯了。法师，现在我该怎么办呢？接触过我的其他人都说我人品很好，没什么大毛病。

学诚法师：一朵莲花，他人丢来的污泥只会令它更美丽；一颗钻石，外在的打磨只会令它更闪耀。

学佛修行是有钱人才能做的事情吗

问：法师您好！有人说学佛修行是有钱人才能做的事情，是这样吗？

学诚法师：人人都可以修行。

"讨好"佛菩萨更靠谱一些

问：法师您好！我在科研单位工作，遇到一个对人不对事的大导师。只有让他高兴，他才无条件支持你，所以大家为了名利，总是想方设法讨好他。他喜欢八卦，总打探别人的情况。我不喜欢这样的人，一直在忍，所以也得不到他的重视，内心深感无力。我该怎么办？请您开示。

学诚法师："讨好"佛菩萨更靠谱一些——坚持造善业、净烦恼，也不要看不起别人。

外在的伤害可能会带来"痛"，心里的伤害才会带来"苦"

问：法师，佛教讲一个"忍"字，可是当我们遭遇陷害、诽谤、中伤时往往可能带来身心两方面的伤害，轻者毁名誉，重者可能失财失人失心，面对这些伤害我们就只能忍吗？

学诚法师：外在的伤害可能会带来"痛"，心里的伤害才会带来"苦"。比如做手术，要开刀，虽然身体也痛，但不会感到"痛苦"。相反，内心会因对康复的期待而感到快乐。所以，痛苦与否的根本在于自己的心态。

"金刚怒目"

问：师父，我能对失误者做到以德报怨，但对故意使坏者，我就先亮剑，再漠视或平和，以使对方知道忍不是懦弱，而是大度，才有惭愧心。我这么做对吗？

学诚法师：真正的忍辱，内心并不觉得痛苦难忍，因为忍是一种强大的力量，能战胜自己的烦恼。我们投身与他人唇枪舌剑或愤怒对抗之中，只是因为自己与对方有着同样的烦恼，还不具有化解的智慧和强大的内心力量，这又如何能够帮助他人改变观念、净化烦恼？忍辱，不是忍外在，而是净化自己的烦恼。自己心中没有烦恼，慈心一片时，才能自在帮助他人，或柔和劝诫，或金刚怒目。菩萨的"金刚怒目",虽然外在是霹雳手段,内心却平静无波;凡夫的"以直报怨",口上说要化导他人,内心其实是嗔火熊熊。

"疾恶如仇"好不好

问:法师好,"慈悲心"和"疾恶如仇"的这个度在哪里?

学诚法师: 疾恶如仇,所针对的是"恶",在佛法中即是"烦恼",而不是人。很多人疾恶如仇,是嗔心在主导,本身就是恶业。佛菩萨之慈悲,是先降伏自己的烦恼,再想办法帮助他人去除烦恼,慈悲本身就包含了"去恶"的内涵。

为什么"扬人恶,即是恶"

问:师父,《菩提道次第广论》上说:"乞者来作种种邪行,应无厌患。虽见乞者欺诈等过,无宣布心。"《弟子规》上也说:"人有短,切莫揭;人有私,切莫说。"但弟子疑惑,我们不应该扬善止恶吗?

学诚法师: 古训言"隐恶扬善",其中大有深意。

对过失者来说,绝大部分人被揭露时都会恼羞成怒,越是受到指责批评,越是逆反、嗔恨,在这种心理驱动下,很可能做出更大的错事，如言"扬人恶，即是恶，疾之甚，祸且作"；对社会而言，总是去宣扬阴暗面，更容易使人心晦暗、堕落；对批评者而言，揭露他人过失，往往出于嗔心的主导，而非真正想帮助别人。真想去帮助犯错的人乃至饶益社会，不是靠宣扬过失，而是靠正确的引导和良好环境的熏陶，靠关爱、包容和输入善法。只有在特定的情况下可以明宣过失：具足悲智的善知识帮助弟子，执法机构震慑不正之风等；对普通的个人而言，不应去宣扬他人的过失，因为这有百害而无一利。

反过来，多赞扬他人的品德、优点，有助于对方改过、进步，"人知之，愈思勉"；也有利于集体的团结；还能破除自己的执着，增长自心的善法，因为一般人总是关注自己，很难真心去夸奖别人。

"隐恶扬善"的真正意思是什么

问：法师好，"隐恶扬善"好像是全世界适用的"法则"，如果每个人、每个团体也都这样"隐恶"，该如何面对？

学诚法师："隐恶"不是藏污纳垢，而是不要故意去宣扬别人的过失；"扬善"也不等于是歌功颂德。"隐恶扬善"的背后是深切的悲心和长远的考虑，与只顾眼前、自欺欺人、隐瞒过失、粉饰太平的行为有天壤之别。每个人都会犯错，每个团体也都会有问题，要勇于去面对、改正这些过失，不能覆藏。

"明心见性"，明的什么心，见的什么性

问：请问师父，心是什么？它在哪里？入定的人，心又在哪里？"明心见性"，明的什么心，见的什么性？

学诚法师：一阵风吹过，树枝晃动，树叶纷摇，风在哪里？我们看不见风，只能通过它的作用来认识它。心也是如此，它不是有形有相的物质，也没有处所，而是一种力量、功能，我们通过见闻觉知、感受、思虑等作用来认识"心"。佛法根据功能把心分为八个识，以便于我们认识、理解和修行。通常人只能认识到眼、耳、鼻、舌、身、意六个识，觉察不到第七识、第八识。入灭尽定时，或闷绝昏迷，乃至睡眠无梦时，前六识均不现起，但仍有第七识、第八识在起作用。八识中，第六识"意"是非常特别的，修行之关键就是通过转第六识来转第七识、第八识，转识成智，启发妙慧。

有些话不想说就微笑，不要妄语

问：师父，我每天都会说谎，可是说了就后悔，说谎好像已经成为习惯，总是脱口而出。有人问我，你是自己来这个陌生的城市吗？我会谎称和男友一起。有人问我前一份工作干了多久，我会把时间说长一点。有时甚至面对同一个问题，我对不同的人说了不一样的谎话，而且我也不自信。师父，我该怎么办？

学诚法师： 一点一点改。有些话不想说就微笑，不要妄语。有说谎的业，人就容易不自信，时常生活在担忧、恐惧之中；反之，常说诚实语，自己的心就会安稳。

只要没死，就是好的

问：师父，弟子昨天走路有点多，骨折的小腿肿得很粗，外踝部位也肿了，所以弟子很早就躺下了，今早发现伤肿处消了很多。记得师父法语有一句说"只要没死，就是好的"，弟子不知自己是该继续走路锻炼，还是多躺着养身体。弟子不想那么娇气。感恩。

学诚法师： 遵医嘱。

一切成果都是众缘和合而成，绝不是某一个人的功绩

问：顶礼师父！阿弥陀佛！我知道谦卑是一种品德，但谦卑如何发自内心，而不是整天提醒自己"我要谦卑，我要谦卑"？请法师提点。

学诚法师： 发自内心的谦卑，这样的人内心一定很宽广，能够包容许多人和事，他知道，每个人都有自己的优点，都有自己的经历，都有值得尊重和效学之处；他知道，世界很大，还有许多事情自己不

了解、不擅长；他知道，一切成果都是众缘和合而成，绝不是某一个人的功绩。

为什么很多道理听多了都会变得没味道了

问：法师，为什么无论什么东西听多了都会变得没味道了，包括大道理？

学诚法师：因为没有去用，听是听过了，但自己的身心还是没有改变。就像一个重病者，得到药方，终日读诵药方而不服药，最后感叹药方一点用都没有。

面对现实，怎么活得简单点

问：师父，许多事情是不是长大了就慢慢懂了？面对现实，怎么活得简单点呢？

学诚法师：如果总是关注外在的人与事，就会总是在分别、比较、计较、筹量，怎么会不累？把观照的方向扭转回自己，时时把握自己的善恶业，一切都很简单。

佛没有说过"命中注定"，而是说"命自我立"

问：学诚法师好！佛不贪，为何要受世人供奉？佛不恶，为何受不得半点不敬？我们奉上敬意，供上香果，以求去灾免祸，佛却说世人多难，命中注定。如此拜佛何用？

学诚法师：对佛陀恭敬也好，毁谤也好，供养也好，不供养也好，佛陀都不会有什么改变。佛不会只喜欢恭敬、供养自己的，而厌恶毁谤、轻弃自己的，如果这样，他就不是佛了。佛陀是一种对境，我们对这种境界起什么样的心念，就犹如在一块良田中种什么样的种子，果报自受。世人拜佛供佛，求消灾免难、保佑吉祥，是世人对佛的期盼，而不是佛对世人的期盼。佛也没有说过"命中注定"，而是说"命自我立"。之所以有种种奇怪的困惑，是因为前提就是错的，没有理解真正的佛法。

"年少不学佛"，是对佛法的误解

问：有人说"年少不学佛"，请问法师，对此观点应怎么看？

学诚法师："年少不学佛"，是对佛法的误解，认为佛法教人苦、空、无常、放下，是消极避世的。其实佛法也讲愿力、精进、承担、慈悲、智慧，是充满力量、积极向上的生命教育。不唯年轻人，所有希望人生幸福、生命提升、社会进步的人，都能从佛法中受益。"学做鲲鹏飞万里，不做燕雀恋子巢"，佛法绝非不教人进取，而是改变了进取的高度和深度。

什么是"精进"

问：请问法师，对理想目标的坚持执着都是错误的吗？在佛家眼里世俗的理想就这么无所谓吗？如果没有坚持努力和执着的进取精神，这世界还会有进步发展吗？"天道酬勤"不就是骗人的话了吗？

学诚法师：坚强的愿力与进取精神不仅是佛教所鼓励的，而且佛教中的"精进"可以说是世界上最积极、最彻底的奋斗精神。能造福社会的理想目标是值得追寻的，但我们往往在愿力之中混杂了烦恼——令我们在顺境中产生贪着和傲慢，在逆境中痛不欲生的东西，犹如美食杂毒，佛法要去除的就是这种"毒"。

"取人之善，当据其迹，不必深究其心"

问：师父，弟子觉得自己傲慢心特别严重，要怎么消除？

学诚法师：多观察别人的优点与自己的不足，而非总是拿自己的长处去比较别人的短处。"论人之非，当原其心，不可徒泥其迹；取人之善，当据其迹，不必深究其心。"

相信因果，内心就不会痛苦了

问：大师好！我非常明白因果，也懂得放下、自在的道理，可总是做不到，很多时候明知还故意而为之，伤害别人的同时，很大程度上是在自虐。我如何才能真正看透、放下、得自在？阿弥陀佛！

学诚法师： 真正相信因果，内心就不会痛苦了。听懂道理并不等于"证得"，要一点一滴去实践、体悟、铭刻于心，逐步改善行为。

为什么佛法中的因和一般人眼中的因不太一样呢

问：法师，"种因得果"我比较容易理解和接受，但是，为什么佛法中的因和一般人眼中的因不太一样呢？怎么去解释才能让大家信服呢？例如，佛法说"布施得财富"，可世间的看法却是找准方向、正确判断、不懈努力才能发财；佛法说"慈悲是健康的正因"，可世间看法却是饮食营养、体育锻炼等带来健康。恳请法师慈悲开示。

学诚法师： 世间大多数人把"缘"当作了"因"。缘起是眼前的，比较容易认识到，而因比较隐秘深邃，且种于前境。所以，若非佛陀以智慧照见因果之理并对我们宣说，凡夫是不易了知的。

佛家不讲八字

问：法师，要怎样看待八字命理之说？

学诚法师：佛法不讲八字、命理，人的命运不是由名字决定的，而是由自己的见解、行为、性格决定的。

想趋吉避凶，就要从心开始

问：师父，在一家卖水晶等物品的店里，店员根据我的生日说我命里带伤官，且结婚后老公容易不忠心，请问这种说法可信吗？

学诚法师：信与不信是人的心理作用，这种心态又会决定人的状态。命运不是由出生日期决定的，而是由人的起心动念以及根据念头所引发的身语行为决定的。想趋吉避凶，就要从心开始，行善断恶。

求签算卦，说到底是对自己没信心

问：今天去寺里拜佛求经书，求了一支签，但是寺里的师父说签不太好，我心里有些不安。请师父开导。

学诚法师：真正的佛教不讲求签算卦。求签算卦，说到底是对自己没信心，只好寄希望于外在的安慰。其实大多数人也不可能真信，权当消遣。

出离心：因为看到了更好的，所以根本不会在意当下这些

问：师父，该怎么理解出离心？如果不是厌世，不是对现在的生活感到绝望，怎么会生起出离心呢？作为一个失败的人，怎么才能对自己充满希望，充满信心？

学诚法师：出离心，是有比世间安乐更高的追求。因为看到了更好的，根本不会在意当下这些，自然就从中出离了；绝不是因为在世间失意而被迫"出离"，后者恰恰代表着对世间欲乐的在意和执着。

因缘一刻不停地流动，成功不能久住，失败也不会停留，现在如何不是最重要的，现在做什么才是重要的。因缘流变的过程中，我们要抓住因，而不是永远追着果，在果相面前垂头丧气。

什么是"向死而生"

问：师父，我总是会想到死亡这件事。做什么事之前都会想"这样做会不会死"，有时候还会暗示自己马上会死掉。这种状态持续好几年了，最近特别严重。师父，弟子应该怎么办？

学诚法师：这不是坏事，是好事，但是欠缺了最重要的一部分，就是向上的愿力。加上这一部分，就能把念死的苦恼转化为极强大的力量。

念死，不代表我们真的马上就会死，而是要让我们"向死而生"，把每一天都当作最后一天去过，把每一件事情都当作最后一次去做，内心就会非常珍惜、专注、郑重，生命就会很有质量。

怕死怎么办

问：顶礼法师！我最近好像患了死亡恐惧症，一想到人最后都会死就特别害怕，平时做什么事都会不自觉地想到，然后情绪很不好。虽然我自认为是佛弟子，也希望念佛往生，最后求得了脱生死，却总是生不起坚固的信心，经常生疑。大概是因为学理工科的关系，对于任何事情没有确凿的证据总不敢相信，依旧觉得人死如灯灭。请法师开示。

学诚法师：多听闻，坚持学修。

增长智慧，从听闻开始

问：请问，增长智慧最好的方法是什么呢？

学诚法师： 智慧分为闻慧、思慧、修慧，前者为后者之因。增长智慧，从听闻开始。

观察对方的优点而生信心，
思考对方对自己的付出而生敬心："观功念恩"

问：师父，我在与人交往中或者听人讲话时会快速地捕捉到对方的缺点，拿自己的优点分别比较，然后就产生了慢心，对方说的什么话就听不进去了，即便人家说了很重要的信息也听不到了。为此，弟子经常糊涂。请问，怎样在发现自己起慢心时扭转这种心态呢？

学诚法师： 观察对方的优点而生信心，思考对方对自己的付出而生敬心，这就是"观功念恩"之法。听闻佛法之前，应断除种种听闻的过失，让自己成为一个法器，"观功念恩"就是把自己打磨成法器最重要的基本功之一。

真正的精神强者，不排斥物质享用，也不执着于此

问：学诚法师，享受物质带来的舒适是一种精神上的自我堕落吗？

学诚法师：真正的精神强者，不排斥物质享用，也不执着于此，而是超越了对物质的好恶。"君子素其位而行，不愿乎其外。素富贵，行乎富贵；素贫贱，行乎贫贱；素夷狄，行乎夷狄；素患难，行乎患难。君子无入而不自得焉。"

人之所以不快乐，
是因为把该提起的放下，把该放下的提起

问：师父，别人对我造成的伤害我该怎样释然？该怎样看待过去曾经走过的路？曾经我以为都放下了，也都想明白了，可是被人一搅，觉得心里又有点乱。怎么办？

学诚法师："恩欲报，怨欲忘；报怨短，报恩长。"人在一生中，要学会提起该提起的，放下该放下的，这一路才会是鲜花满径、阳光明媚。人之所以不快乐，是因为把该提起的放下，把该放下的提起，犹如在自己的人生之路上拔去鲜花、遍种毒草，造就满目凄凉。

珍惜，但不执着；善待，但不占有

问：是否可以这样理解：甘心付出而不计较回报便是放下自我，或者说看明白一切色相皆是空相也是放下我执？可是毕竟生活在滚滚红尘，人与人相遇也是有缘分，还债或者报恩，债未了，情未结，又如何放得下呢？知易行难，迷茫。求法师开示！感恩！

学诚法师：来来去去都是缘，珍惜，但不执着；善待，但不占有。

无我无畏，无私无忧，是谓"福厚"

问：师父，我不知道该用什么样的方法和心态再去相信人了，害怕相信他人之后还是一场骗局，心里很矛盾。请法师点拨，谢谢！

学诚法师：真正的关键，不是是否相信他人，而是内心把自己看得多重。心中只有自己的人，处处与外境对立，担惊受怕，坐立不安，想爱自己，却让自己越发脆弱，增加痛苦，是谓"福薄"；心中宽广之人，包容的人和事越多，自己内心越轻松坦然，无我无畏，无私无忧，是谓"福厚"。

不是别人需要我们感恩，而是我们自己要有感恩之心

问：师父，我内心经常收集负面信息，觉得人都是为自己，就没有什么好感恩的。该怎样对治这种心理，生起感恩之心呢？

学诚法师： 不是别人需要我们感恩，而是我们自己要有感恩之心。用心去练习观察光明面，看到别人对自己的帮助和利益（不管对方是有意或无意的）。

"观功念恩"要像沙里淘金

问：弟子愚痴，"观功念恩"遇到障碍，每次关系亲近甚至亲密的人做我很不认同的事情的时候，我就完全忘记控制情绪。我需要从哪里突破呢？

学诚法师： "观功念恩"要像沙里淘金，刻意去寻找和观察身边人的优点。人不可能没有优点，只是我们被自己的"不认可"蒙蔽，看不到对方的好处和付出，"观功念恩"要对治的恰恰就是这种以偏概全的认识。

如果内心把别人视为假想敌，那么不管别人如何，自己已经有了一大堆敌人。敌人也好，恐惧也好，都源于自己的想象，不是事实，所谓"烦恼都是自找的"。要怀着善良的心去与人相处，不要太过敏感地保护自己，感受他人的帮助，也传递自己的阳光。

"常存空杯心，不为所知障"

问：我求知若渴，却很难做到虚怀若谷。望师父指点迷津。

学诚法师： 承认自己的无知，才能学到知识。

什么是"有"，什么是"无"

问：法师，请问如何让自己真正建立信仰？因为自己无法真的用心去信因果轮回。一定要建立这种深信才可以进步吗？

学诚法师： 要建立信仰，最基本的是自己有希望进步的向往心。"深信因果"是修行的结果，而不是修行的起因。刚开始不一定要"深信"，也做不到，但不要断然否定。譬如对"有没有外星人"这一问题，不能证实时，不必断然说"没有"；要证实其"有"，只需要举出一个例子即可；要证实其"无"，却必须杜绝一切可能。对因果也是如此，可以抱着"多闻阙疑"的心态去学习，以一分信心入门，慢慢闻思，增长智慧，培养信心。

信仰就是最好的激励

问：师父，在企业管理中离不开物质激励，而师父在对寺庙僧人和常住义工的管理中，在没有物质激励的情况下如何保持他们持续的工作热情？望师父开示，顶礼！

学诚法师：信仰就是最好的激励。其实对于企业而言，最终也要落到"信仰"上：好的企业文化能让人感受到自己所做事情的意义，将每个人的价值实现与更多的人联系到一起。

高处着眼，低处着手

问：师父，卑劣慢、极端、易灰心放弃，怎么办？

学诚法师：高处着眼，低处着手。一方面要发大愿，向上仰望，树立方向；另一方面要从小处做起，一点一点坚持。如果能一直做自己所规划的事情，内心就会渐渐增强自信。

一念迷，就是入魔；一念觉，就是解脱

问：大师，我既迷失在别人的评价里，又禁锢在自我的思维中，无法自拔。请问，陷入了毁灭自己的心魔中该如何自救？

学诚法师：一念迷，就是入魔；一念觉，就是解脱。改变的方法就是转念。我们内心的牢笼并不是真实的，而是自己的念头建造的，它看似坚固，实则虚妄。在日光的照耀下，千年的雪山也会消融，所以我们要去学习富有智慧的道理，改变自己的思维模式，用慧日的光明破除内心的迷障。

如何理解"尊重"二字

问：师父，平时我对很多事都能看得开，但最近别人让我写很多东西，写好奉于其桌，今天再问他竟然像什么事都没发生一样，他说了句"没看见"了事，心里愤愤。近些天我总碰到此类不被尊重的事。请问法师，如何理解"尊重"二字？

学诚法师：人因有高傲之心，所以在意他人对自己的态度，稍遇轻忽便愤愤不平，实是慢心在作怪。越是把自己架得高，越是难以找到台阶下；若内心谦下宽和，自会少许多假想敌，也才能赢得别人真正的尊重。

自卑也是一种慢心

问：师父，一个同学在与我沟通时说，每当她看到师父博客上面的文章，看到别人出国、依师等事情，就会特别自卑，觉得她永远也赶不上人家，即便有机会亲近师父，也一定会因为她不行而犯错。她既渴望又惧怕，渐渐变成了一种心病。弟子觉得好像哪里有问题，但又不明确，请法师开示。

学诚法师：自卑也是一种慢心，"卑劣慢"，而且比高慢心危害更大。高慢心容易调伏，自卑而退缩的心却会令人失去进步的愿望，这非常可怕，一定要认清它的危害并努力克服。依师本来就是为了成长，犯错、暴露缺点就是改正的机会，正如病人不会怯于把自己的病情告诉医生。要多发愿、祈求。

怎样降伏我慢心

问：大和尚吉祥！请问，怎样降伏我慢心？恳请慈悲开示。阿弥陀佛！

学诚法师：要懂得感恩。即使自己有一些长处或成就，也是建立在许许多多人的付出之上。当一个人懂得感恩的时候，他的内心才会是敞开的；而一个人自负、傲慢的时候，他内心的大门是紧闭的。

什么叫"贡高我慢"

问：顶礼法师！请问，什么叫"贡高我慢"？是不是只要把自己知道的东西、知识跟别人说都叫贡高我慢？如果是这样，岂不是自己什么都不能说了？请法师开示！阿弥陀佛！

学诚法师："贡高我慢"是一种心态，而不是一种行为。

听得越多，不能落实在身心，负担会越重

问：师父，我总是大量地看佛书，由于很多道理听闻得太多，到现在都麻木了，感觉得不到太多的受用。请问，这个时候我该如何调整自己？顶礼！

学诚法师：要去行持，真正落实。如果听闻到的佛法不能落实到身心上，不能指导自己的行为，那么听到的佛法都成了妄想，听得越多，自己的负担会越重。

所以，依照所听闻到的佛法，结合身心、自他经历去思考。如理思维的前提必是"听闻"，就好比学生在课堂上听老师讲课，课后自己温习老师所讲之理。

反省不等于自我否定

问：师父，遇事我总是先自责，否定自己，越来越不喜欢自己，好痛苦！怎么办？

学诚法师：反省不等于自我否定，一定要搞清楚二者间的区别。反省是冷静地查找问题，然后朝正确的方向去改善；自我否定更多的是一种情绪，对自己的全盘否定，绝望、失落，像阴云压顶，没有积极的力量。有这种习惯的人，应多看光明面，发现自己的优点，树立目标，打开心扉。

遇到四肢健全的人伸手要钱怎么办

问：师父，弟子最近在地铁站和火车站总会遇到四肢健全的人伸手要钱，本不想给的，他们就跪下，真心受不了，只能给钱，我有一种被绑架的感觉。请问，以后遇到类似情况，该如何如理作意？

学诚法师：布施一个微笑或一句佛号也不错。不要嗔怨，要慈悲，发愿结善缘。

"你吃素是慈悲，你怎么知道菜不疼呢"

问：有爱钻牛角尖的人问我："若说吃素是慈悲，那你也不该吃菜啊！你怎么知道菜不疼呢？"请问法师，我该怎么做？

学诚法师：知对方是抬杠，何必烦恼？一笑置之，不予争辩。

念佛、拜佛，非要成佛不可，这本身是不是一种执着

问：法师，您说过："执着，为自己的心画了一个牢笼。"那这"冰霜之操""穹窿之量""切磋之谊""慎重之行"本身是不是也是一种执着、一种牢笼？诵经、念佛、拜佛，非要成佛不可，这本身是不是一种执着？

学诚法师：烦恼不可执，执则苦上加苦；善法不可不执，不执则自甘堕落。

佛教徒为什么很喜欢说苦

问：师父，弟子有个疑问，我觉得佛教徒很喜欢说苦，让人觉得学佛的目的就是要让人相信人活着就是受苦，要去西天才不受苦，而不学佛的人反倒嘻嘻哈哈很快乐。难道学佛的目的不是为了没烦恼地

活着吗？如果这样，是不是学佛还不如不学佛？

学诚法师：无论是否学佛，一切行为都是为了离苦得乐。所不同的是，佛法是教人离一切苦、得究竟乐，故需要深刻了解苦乐的含义。世间人追求一时之乐，却难断烦恼之根。佛法不是求苦的，而是要希求解脱，在建立长远宗旨、坚定对业果的信心这个基础之上进一步思维苦谛，是修行的阶梯之一。

佛是不是一种精神支柱

问：大师，你们都是有很高学问的人。请问，你们是坚持唯心主义还是唯物主义呢？在你们心里，佛是一个虚拟的构象还是真实存在的？抑或佛是不是你们心中的一种精神支柱？

学诚法师：佛法既不是唯心，也不是唯物。佛法对心和物的解释远比普通人理解得深刻。佛陀不是虚构的想象，而是实实在在的人物，是教授佛法的师长，与中国古代的圣人孔子一样，虽然历经千年，他的教诲仍然在训谕后人。

佛教里有没有让记忆力变好的办法

问：师父您好！弟子上大学以后记忆力骤然下降，太苦恼了。我看了好多书，以前几乎看两遍就记住，现在看过以后毫无印象，是不是心情太差导致的？请问师父，佛教里有没有让记忆力变好的办法？请师父指点。

学诚法师：杂念多了。

如果心总是处于焦虑、恐惧、愤怒等状态，身体就容易生病

问：大师，身边的朋友总说，遇到困难时多念阿弥陀佛，多念《心经》就可以带来好运气，还能驱走鬼神，这让我感觉很迷信，听起来很可怕。现在我身体不好，想念佛，又害怕，该怎么办呢？

学诚法师：人的身心是互相影响的，如果心清净、平和，身体也会好；如果心总是处于焦虑、恐惧、愤怒等状态，身体就容易生病。佛号代表了佛陀无量无边的功德，经论则是佛陀觉悟中流露出来的大智慧。常念佛、诵经，令心朝向这些清净光明的事物，不知不觉也会受到熏染，大有裨益。

当感到焦虑不安时，就静下来念观音菩萨的名号

问：师父，我经常失眠，总觉得焦虑，工作会出错，没法活在当下。该怎么办？

学诚法师：当感到焦虑不安时，就静下来念观音菩萨的名号，什么都不要想，尽量把心安住在圣号上。看上去这跟要解决的事情无关，但其实胡思乱想、慌张焦虑才是最无益的。把心的缰绳拉住了，它才能静下来，能够正确地面对事情。

一个人造了恶业，仅仅听闻佛号就不堕恶趣吗

问：想请教师父一个问题，《药师经》中说只要是听闻药师七佛名号就能不堕入恶趣，为什么呢？如果一个人造了恶业，仅仅听闻佛号就不堕恶趣的话，这跟业因果的道理相悖吗？恳请师父开示。感恩！

学诚法师：这不是普通的"听见"，要有信心与之相应。如果内心真能对佛菩萨生起确定无疑之信，与佛菩萨的悲愿感应，就是很强、很重的业，这个业就能先感果。这也只是一时的，更重要的是今后都能够依照佛菩萨的教诲信受奉行，才能保证究竟的解脱。

静坐时不是什么都不想

问：大师，我是初学者，每天晚上回去静坐，每次都心猿意马，然后我就念《心经》，可是念着念着就快睡着了。请问我该怎么做？

学诚法师：每次静坐，时间控制在 5 ~ 10 分钟。静坐时不是什么都不想，那样根本无法收摄心念，而是要给自己一个关注的对象，让心尽量放在那个对象上。比较方便的方法是数自己的呼吸次数，尽量深呼吸，用心感受气息的吸入、呼出，一呼一吸计为一次，慢慢数到十次或二十次即可。初学者能够每天静坐片刻也是非常好的，但更关键的是要先听闻，了解佛法的道理，才能懂得如何修行。而听闻，又要找到老师、同学，不可自己盲目独行。

可以在睡前读经，而不是听经入睡

问：师父好！前几个月，弟子每晚都是听着经入睡，十分钟左右就能睡着，而且一觉到天亮，我还告诉周围的人听经睡觉很好。但最近从美国回来后，天天失眠，怎么都睡不着，越睡不着越胡思乱想，导致身体、心理都大不如以前了。请问师父，为何我现在听经也睡不着？恳请师父加持。

学诚法师：可以在睡前读经，而不是听经入睡。

随便乱听话，就会导致莫名其妙的苦恼

问：阿弥陀佛！师父，有一次在旅游景点被人莫名其妙算了一卦，说我不适合早结婚，现在我和伴侣已经到了谈婚论嫁的时候，我们相处得很和谐，能够互相体谅，可是想到这个预言还是会很烦恼。请问该如何对待？感恩您！

学诚法师：无有智慧，随便乱听话，莫名其妙的行为就会导致莫名其妙的苦恼。